博物馆里的中国历史故事

从史前到夏商西周

朱万章 杨晓娜 主编

化学工业出版社

·北京·

编委会成员

杨晓娜　董浩　陈欢　李奕

内 容 简 介

　　文物是文明的结晶，是现代人与古代文明对话的有力媒介，是曾经鲜活飞扬的历史的承载者，是灿烂悠久的中华文化发展脉络的见证者。每一件宝物都承载着当时人民创造的智慧和文化的印记，都记录着当时人们的价值取向与生活方式。

　　每一件文物都是一部浓缩的历史纪录片。我们穿行于文物中，去感知它们背后的历史故事，去领略中国历史发展的脉络。贾湖骨笛、鹳鱼石斧图彩绘陶缸、红山玉龙见证了史前人类的艺术造诣，《大禹治水图》画像石、《羿射十日图》画像石、见证着传奇神话人物的高贵品德，甲骨文见证了商朝人的日常生活，天亡簋、虢季子白盘见证了王朝管理者的深谋远虑……

图书在版编目(CIP)数据

博物馆里的中国历史故事. 从史前到夏商西周 / 朱万章，杨晓娜主编. —北京：化学工业出版社，2021.8（2024.7重印）
　ISBN 978-7-122-39244-2

　Ⅰ.①博… 　Ⅱ.①朱…②杨… 　Ⅲ.① 中国历史-石器时代-三代时期-儿童读物 　Ⅳ.①K209

　中国版本图书馆CIP数据核字（2021）第101802号

责任编辑：李彦芳
责任校对：边 涛
书籍设计：尹琳琳

出版发行　化学工业出版社
　　　　　（北京市东城区青年湖南街13号　邮政编码100011）
印　　装　北京宝隆世纪印刷有限公司
710mm×1000mm　1/16　印张8　字数300千字
2024年 7 月北京 第 1 版第 6 次印刷

购书咨询：010 - 64518888
售后服务：010 - 64518899
网　　址：http://www.cip.com.cn
凡购买本书，如有缺损质量问题，本社销售中心负责调换。

定　　价：58.00元　　　　　版权所有　违者必究

亲爱的读者：

阅读愉快！

这套以博物馆文物为线索的历史通俗读物，共收录了100件典型文物。图书通过文物承载的历史背景、历史故事或历史事件，带领读者穿越各个历史朝代，领略当时人们的文雅风趣、丰功伟绩、生产技术以及日常生活方式等，在有趣的历史故事中掌握中国古代历史沿革的基本脉络。

我们可以通过文物来了解曾经飞扬的历史故事，这也是考古学的魅力。考古是一门综合学科，要解读文物储存的故事，需要多个学科的综合知识，如历史、哲学、政治、经济、军事、动植物学、人体解剖学、语言文字学、美学、艺术、工业技术学等。每一件文物的背后，都凝结了许多考古工作者的辛勤汗水和智慧。衷心希望和祝愿广大读者，能爱上历史，爱上阅读，从而发自内心地拥有民族文化自信心。

本丛书吸收融合了当代最新历史研究成果，许多专业研究人员提供的智力支持，为丛书增加了专业知识的深度、厚度与广度。本套书图片资料大部分来自于中国国家博物馆、故宫博物院等，少部分由刘静伟、曾娅提供，在此一并表示感谢。

本书由杨晓娜、董浩、陈欢、李奕编写，共收录了25件文物，这些国宝背后的故事，可以帮助我们大致理清从史前到西周的历史线索和基本脉络，感知这段历史时期的先人的智慧和发明创造。

　　早在170万年前，我国境内就已经有人类繁衍生息。经过漫长的原始社会后，迎来了中国历史上最早的朝代，即夏、商、周，史称"上古三代"。

　　原始社会延续的时间很长，人们在艰苦的劳动生活中，创作出绘画、舞蹈、图画符号等艺术形式，为我国后来文化艺术的发展奠定了基础。贾湖骨笛、鹳鱼石斧图彩绘陶缸、红山玉龙见证了史前人类的艺术创作所达到的精美水平。

　　夏朝是我国最早的奴隶制王朝。它改变了原始部落的禅让制，开创了延续近四千年的王位世袭制的先河。从此以后，权力只在有血缘关系的人之间传递，"公天下"变成了"家天下"。作为中国传统历史长河中的第一个王朝，夏朝拥有较高的历史地位，"华夏"也因此成为中国的代名词。《大禹治水图》画像石、《羿射十日图》画像石见证了华夏神话人物的高尚品德。

商部族推翻了夏朝，建立商朝，完成了中国历史上的首次王朝更替。商朝是我国历史上第一个有出土文字证实的王朝。商朝的青铜器冶炼与制造技术非常成熟，青铜时代进入了繁荣时期。甲骨文见证了商朝人的日常生活细节。

　　周朝是奴隶社会的最后一个王朝，分为西周和东周两个时期。西周是我国奴隶社会的鼎盛时期，讲究礼仪、重视人文，得到后世称道，让我们国家成为美名远扬的礼仪之邦。天亡簋、虢季子白盘见证了王朝管理者的深谋远虑。

　　我国的历史文物不胜枚举，本书仅选取已出土的典型文物为代表，且囿于编者视野，本书内容难免有疏漏和缺憾，在此恳请广大读者多提宝贵意见和建议。

　　顺颂

安好如意!

编者

2022 年 3 月

北京人头盖骨（复制品）

万年仙人洞陶罐

贾湖骨笛（局部）

鹳鱼石斧图彩绘陶缸（局部）

后母戊鼎（局部）

妇好墓偶方彝

甲骨文（局部）

二里头文化铜爵

玉凤（局部）

作册般铜鼋

四羊方尊（局部）

三星堆青铜纵目面具

牛河梁泥塑女神头像

舞蹈纹彩陶盆

红山玉龙

十九节玉琮（局部）

《羿射十日图》画像石（局部）

《大禹治水图》画像石（局部）

虎卣

宰丰骨匕（局部）

利簋

天亡簋

虢季子白盘

盠驹尊

大盂鼎（局部）

人类进化史的珍贵标识

北京人头盖骨

北京人头盖骨是距今约60万年的远古人类北京猿人的头盖骨化石。北京人属于直立人，是现代中国人的直系祖先之一。北京人虽然还保留了猿的某些特征，但已经会使用天然火，会打制石器。他们群居在一起，过着早期的原始生活。1987年，周口店北京人遗址被联合国教科文组织列入"世界文化遗产"名录。

北京人头盖骨消失之谜

1929年，古人类学家裴文中在周口店龙骨山的山洞里发现了第一个北京人的头盖骨化石。抗日战争期间，为了保护珍贵的北京猿人头盖骨化石，北京协和医学院的专家准备将包括"头骨"在内的大量化石转移到美国。1941年12月8日上午，装有"北京猿人头盖骨化石"的专列火车抵达秦皇岛。此时，日本对美国珍珠港的空袭已经开始。驻扎在秦皇岛山海关地区的日军突然袭击了美军，美国海军陆战队的火车和军事人员成为日军的俘虏，包括"北京猿人头骨盖化石"在内的物资和行李自然成了日军的战利品。但奇怪的是，日本军队声称他们从未见过这些头骨。从此，"北京猿人头盖骨化石"神秘地消失了……

北京人头盖骨（复制品）
颅长 21.3 厘米

不要问我从哪里来

    从古猿到人类的进化是一个非常漫长的过程。起初，古猿只能四肢行走，用上肢采集果实；后来，它们开始具有一些人的特征，比如能够直立行走，会使用石头、木棍等在大自然中广泛存在的东西作为工具，大脑容量也慢慢增大，这就是"正在形成中的人"。

    目前，世界上已知最早的"正在形成中的人"是生活在大约 1200 万年前的腊玛古猿。当时，腊玛古猿主要生活在今天的亚洲、非洲和欧洲的热带和亚热带地区，它们在身形和生活习性上更接近猿类。最初，腊玛古猿主要生活在森林的边缘和林间的空地。它们主要吃野果和嫩草，偶尔也吃一些小动物。它们还不会使用火，只能吃生肉。但它们已经会用石头打开动物骨头并吸吮骨髓了。

由于到目前为止还没有发现腊玛古猿的肢骨，所以人们只能根据一些古猿的知识进行推测，腊玛古猿的身高大概为1米。

据说，腊玛古猿是人类和黑猩猩的共同祖先，几百万年前，它们开始向不同的方向进化。

腊玛古猿中的"腊玛"是印度梵文史诗《罗摩衍那》（Rama-yana，或译《拉玛耶那》）中主人公的名字。1934年，美国耶鲁大学的研究生刘易斯在印度和巴基斯坦接壤的西瓦里克山脉首次发现了腊玛古猿的牙齿化石。

在距今约500万年前，南方古猿出现了。它们也是"正在形成中的人"。这些南方古猿主要生活在非洲的南部和东部。森林消失，果实匮乏，古猿们面临着巨大的生存压力。它们不得不改变原来的生活方式。在草比人高的草原上，它们不得不一次次尝试着"站起来"看远方。在一次次的"站立"中，古猿完成了从四肢行走向直立行走的演变，但走路的姿势摇摇晃晃，像一个刚刚学步的小婴儿。

南方古猿没有了猿类锋利的牙齿和爪子，过着群居生活，一起收集食物，一起抵御野兽，一起制造简单的工具。它们的身材分为粗壮和纤细两类。纤细物种体形较小，相当于现在六七岁孩子的身形；粗壮物种体形高大。遗憾的是，后来由于火山的突然喷发，粗壮物种灭绝了，纤细物种成为日后人类的祖先。

在距今约 300 多万年前，人类还处于不断进化的过程中，这时候"完全形成的人"出现了。已知最早的"完全形成的人"是早期猿人。早期猿人与南方古猿有许多相似之处，但其脑容量比南方古猿大，手指更灵活。

人类在不同阶段使用不同的工具，其中使用石器的时代被称为石器时代。早期猿人是真正意义上的最早的人类。从这个时候开始，人类历史正式进入了旧石器时代。那时的人类只能通过打砸石头来制造一些简单的工具。新石器时代的人类学会更加精细地磨制石器。

又过了100多万年，出现了比早期猿人更聪明的晚期猿人——直立人。直立人会进化成现代人吗？事实并非如此。南方古猿的后代进化出了更聪明的智人，智人最早生活在非洲大陆。几万年前，智人因为对非洲以外的地方感到好奇而走出非洲。去往亚洲的智人逐渐变成了今天的黄种人，去往欧洲的智人逐渐变成了白种人，留在非洲的智人是黑种人。

从非洲的露西到中国的曙猿

20世纪70年代，一支美国考古队来到了东非。他们在阿法尔凹地进行考古挖掘时，发现了一具似猿又似人的化石。为了庆祝这一重大发现，考察队彻夜狂欢，循环播放当时最受欢迎的甲壳虫乐队的《钻石天空中的露西》（《Lucy in the Sky with Diamond》），后来，学者们给这具猿人化石起名为露西。

露西是一个20多岁的女性，高约1.2米，盆骨已经接近于直立行走的人类盆骨，手指和脚趾也呈现出人类的特点，只是脑容

量还没有人类那么大。为了纪念这个伟大的发现，科学家们称露西为人类共同的老祖宗，或全人类的外祖母。

露西真的是全人类的外祖母吗？她也是中国人的祖先吗？

在中国，已知最早的直立人生活在170万年前。他们主要活动于云南省元谋县境内，又被称为元谋人。然而，人们只在元谋县发现了他们的牙齿化石。那时候的云南有野鹿和野马，为了生存下去，元谋人学会用简单的石器来捕猎这些食草动物。人们还在元谋人的生活遗迹中发现了炭灰，说明他们已经会使用火了。直立人是目前已知最早会用火的人。

在陕西省蓝田县也发现了直立人的头骨化石，这是一个重大的突破。这些蓝田人生活在大约100万年前到70万年前。根据头骨化石，人们可以更清楚地推断出当时直立人的身体结构和生存状况。这时候的蓝田人脸比较扁平，平均身高只比现代成年人矮一些，体重与现代成年人相当。

时间继续往前推进。距今大约70万年前至20万年前，在今北京周口店的一个山洞里，生活着一群后来名震世界的北京人。蓝田人生活的年代比北京人要早，所以蓝田人是早期直立人，北京人是晚期直立人。

最初，一群鬣狗住在这个山洞里，后来北京人赶走了鬣狗，在这里安家。有时，洪水会淹没山洞，他们只能搬出洞穴。过一段时间可能又有另外一些北京人住进来。北京人在这个洞穴里断断续续地生活了好几十万年。

20世纪20年代，考古学家在周口店发现了头盖骨化石，人们大概可以推测出这些北京人的长相，他们的头盖骨很低、很平，所以他们的脑容量一定很小，肯定不够聪明。颅骨最宽的地方靠近耳孔上方，眉骨粗壮，嘴巴向前拱着，没有额头和下巴，长相还保留着猿的痕迹。他们的大脑容量比现代人小一点，但大脑体积比古猿大，结构也更加复杂。他们的左右大脑不是很对称，这说明此时的直立人已经学会了说话，可以按照自己的心意来制作石器了。

大概因为北京猿人太出名了，所以有许多人误以为北京猿人是中国人的祖先。其实，我们现代人的祖先是晚期智人。打个比方，如果说南方古猿是我们的外祖母，那么智人就是我们的母亲，而北京人只是我们的大姨。

智人比以前的人类更加聪明能干。智人曾经像北京人一样住在洞穴里，过着采集打猎的生活。在几万年前，智人的外貌已经和现代人很相似了，大脑几乎和我们一样聪明。他们的反应和我们一样灵活，因为他们会用草绳将贝壳或动物牙齿串起来，挂在脖子上当项链。在咱们中国，最出名的、最有代表性的智人是山顶洞人。无巧不成书，他们正是北京人的邻居，只不过住在北京人的"楼上"，相隔60万年的山顶洞人和北京猿人相遇在龙骨山。

我们的"大姨"——北京人，为什么在地球上消失了呢？为什么没有给我们留下表哥或表姐呢？有专家推测说，也许是因为当时气候的突然变化，使中国北方更冷，南方更干旱，北京猿人一时无法适应，逐渐灭绝了；也许是因为在寄生虫和疾病的困扰下，北京人集体消失了。

02

最古老的陶罐

万年仙人洞陶罐

江西万年仙人洞陶罐是用手工捏制而成的红陶器，是中国境内目前发现最早的成型陶器。陶器是原始社会的盛、煮器物，不同用途的陶器有不同的称谓，比如壶、鼎、罐、瓮、盆等。虽然仙人洞陶罐的器型比较简单，制作技术比较原始，但它是人类第一次可以按照自己的想法创造的非天然材质的物品。陶器的出现是新石器时代开始的标志之一，据此可以认定中国的新石器时代起源于一万年前。

创造美好生活

聪明的智人在经过几万年后，他们的文明又向前迈了一步。在大概一万年前，智人的生活跨进了新石器时代。这时，我们的祖先早已不再满足于蜗居在冰冷潮湿的洞穴之中，他们想给自己重新找一个温暖的家。过去，为了抵御野兽的袭击，先人们常常会把家安在陡峭高山上的山洞之中。随着先人们捕捉野兽能力的提高和武器的更新换代，安全已不是他们考虑的最重要因素。如何更方便地收集食物、让居住地有更好的阳光和景色，才是先人们最看重的。因此，他们的家已不再需要安置在那么高的山洞之中。方便、开阔的低矮洞穴成了最经济的选择。

先人们用多余的粮食作为饲料来驯化动物，让它们充当人类的帮手，并保障肉食的稳定供给。因此，一些动物被先人们精心挑选出来进行饲养驯化。狗成为最早被人类驯化的动物。比狗稍

万年仙人洞陶罐
口径 20 厘米
高 18 厘米

晚一些被驯化的是猪，它是先人们主要的肉食来源，在人们的生活中显得越来越重要。

先人们用陶罐、陶鼎来煮饭、蒸肉，用陶碗来吃饭，陶制炊具成为当时人们的主要生活用具。饭桌上除了丰盛的美食，还有醇香的美酒。充足的食物和蒸煮熟食的饮食方法让先人们拥有更强壮的体格和更长的寿命，同时也对生活提出了更高的要求。

他们从葛、麻这些植物中抽取天然纤维，制成纱线；然后把一根根纱线整齐地绑在两根木棍上，织成一块块土布；最后，经过裁剪加工，一件透气、耐磨、便于日常穿着的土布衣服就织成了。这标志着一个新时代的来临，足以证明先人的聪明才智。

探秘万年仙人洞

江西上饶万年县仙人洞不是神仙居住的山洞，而是一座原始人居住过的、发育良好的石灰岩洞穴。万年县位于中国最大淡水湖鄱阳湖的东南岸，水资源非常丰富。其地形以低矮的丘陵为主，便于耕种，自古以来就有鱼米之乡的美名。洞穴周围山清水秀，先人们曾经在这座洞穴里居住过很长时间。

经过千百年在洞口外的采集，先人们对自己采摘的植物有了非常多的了解，开始尝试对一些可以食用的植物进行培育。他们不再单纯地向大自然索取食物，而是尝试自己生产所需要的粮食。

他们培育的第一种作物是水稻。北方气候干旱、偏冷，主要种植耐寒的粟。长江中下游地区温热湿润，更适宜种植水稻。聪明的仙人洞人早就将野生水稻收集起来进行集中培育，经过先人们不断的试验，优胜劣汰，经过一二百年的时间，改良后的栽培水稻出现了。

新的栽培水稻适应环境的能力更强，产量更高，更符合人类的需要。从此，先人们纷纷在河流湖泊的边缘开垦荒地，种植水稻。为了开垦荒地，先人们开始制作石斧等生产工具。为了方便地管理稻田，先人们逐渐搬出洞穴，在平原上建起房屋，开始了他们向往的自由生活。

到了距今约七千年时，水稻的种植区域更加广阔，水稻的栽培沿着长江扩展到了湖南、浙江等地。先人们在湖泊和沼泽地带松软的土地上开垦荒地，种植水稻。由于土质松软，他们不需要使用制作难度大且异常珍贵的石制工具。他们首选取材方便、制

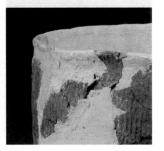

作难度小的骨质、木质工具。他们用骨耜（sì）、木耜给土地翻土、播种，期待好收成。收获后的稻谷被放入木臼中脱去稻壳，新鲜的稻米怎样储存呢？

陶器——火与土的艺术

仙人洞的先人们在长期的生产劳动中发现：黏黏的泥土加水调和后，可以捏成各种形状，把一些成型的黏土丢到火堆里或暴晒后，会变得异常坚硬。先人们受此启发，开始有意识地尝试烧制成型的黏土，制作硬度比较高的器具。陶器就这样应运而生了，这是人类第一次按照自己的想法生产的非天然材质的物品，这象征着人类不再是一味地向大自然索取，而是可以进行生产和改造了。

在不断的尝试探索中，聪明的先人发明了一种简单的模具制陶的办法。先人们先用一些植物纤维编制出一个容器，或直接就地取材，用葫芦等造型作为模具；然后把柔软的黏土包裹在模具上；经过火烧后模具已不复存在，只留下烧制成型的陶器。

一万年后，考古学家在仙人洞中发现了很多陶器碎片。因为年代太过久远，这些陶器几乎都碎成陶片了。文物修复工作者把这些破碎的陶片和石膏拼接在一起，复原成陶罐，并把它命名为万年仙人洞陶罐。

以今天的工艺来看，这件原始夹砂红陶罐显得非常粗糙，但它让后人感到无比骄傲。虽然祖先的生存环境很残酷，但他们不仅顽强地生存下来，而且从没有放弃过对美的追求，这是人类有别于其他万物的根本。

03

贾湖骨笛

穿越八千年的笛声

贾湖骨笛是中国年代最早的乐器实物，笛孔不一，大多数骨笛是七孔。它不仅可以吹奏传统的五声或七声乐曲，而且能够演奏富含变化音的乐曲，反映了贾湖先民精神生活的多姿多彩。贾湖骨笛被称为世界笛子的鼻祖，它出土于距今约八千年的史前聚落遗址——河南贾湖遗址。

乐器的起源和发展

无论古今中外，都有许多关于乐器起源的传说和神话。在中国，很多古书中都有"女娲作箫""伏羲作琴""伶伦入昆仑山采竹为笛"的记载。在希腊神话中，传说众神之神赫耳墨斯在埃及的尼罗河畔散步时，不小心碰到了龟壳内的筋，他因此受到启发而发明了利拉琴，创造了弦乐器。

在以狩猎为生的时代，人们结束了惊险而辛苦的一天，点燃篝火，围绕捕获的猎物一边进食，一边唱歌跳舞。最初，人们唱歌的时候用手打拍子或用脚踏拍子，后来无意中发现用贝壳、树枝、小石头等物体的碰击发出的声音更响亮，更富有变化——最早的打击乐器，便这样产生了。

后来，人们把晒干的果实挖空，装上几颗果核或小石子，制成手摇响铃。远古时期，这是只有部落首领才可以使用的尊贵之物。

空心的芦苇管会偶然发出声音，好奇的人们由此学会了制造各种各样的可以把空气吹进去，从而发出声音的管乐器。生活在海边的人们无意中把海螺放在耳边，听见了大海的声音。于是，他们在海螺壳上打孔并磨平表面，制成了能发出声音的海螺号，演奏者可以通过改变嘴唇闭合的松紧和吹气用力的大小而吹奏出不同的旋律。

后来，人们还学会了用禽类的骨头或陶泥制作一些既坚固又复杂的乐器。20世纪初，考古学家在两河流域之间的美索不达米亚平原发现了乌尔王陵的遗址，并且在那些珍贵的陪葬品中发现了精美的七弦琴和笛子。考古学家在古埃及金字塔的石壁上发现了一些演奏主题的雕刻壁画，有的演奏者弹奏的是竖琴状弦乐器，有的演奏者吹着陶制笛子，仿佛正在开一场盛大的演唱会。

那么，最古老的乐器在哪里呢？

淮河风景独好

在古老的中国大地上，除了举世闻名的长江、黄河之外，还有一条介于黄河与长江之间的、独流入海的淮河。淮河发源于河南南阳，流经河南、湖北、安徽、江苏和山东五省，最后汇入大海。"秦岭-淮河"一线是中国南方和北方的分界线。由于淮河流域温暖湿润，景色如画，引得古人纷纷来此聚居，得益于得天独厚的环境和地理条件，淮人创造出淮河文化。

在淮河上游的河南舞阳，有一个安静平常的贾湖村。八千多年前，这里曾经生活着一个生机勃勃的部落。20世纪，考

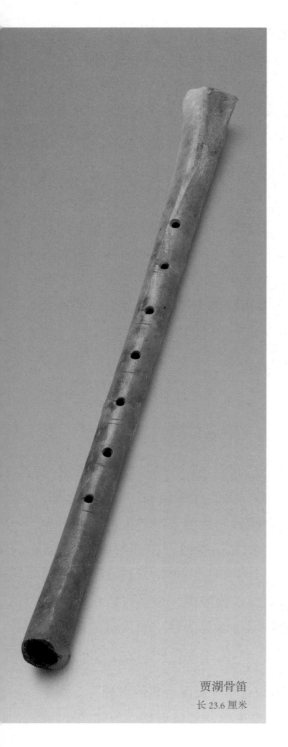

贾湖骨笛
长 23.6 厘米

古人员发现了贾湖先民在此生活的痕迹。他们惊讶地发现贾湖先民成年男子的身高为170厘米到180厘米，成年女性的身高为165厘米到170厘米。对比同时期黄河流域的中原人，贾湖人可谓鹤立鸡群，堪称是当时的巨人。那么，贾湖人为什么具有如此明显的身高优势呢？

贾湖遗址的随葬品数量众多，种类丰富。考古队员们在贾湖遗址中发现了大量的稻壳和炭化稻粒，翻土用的石铲和骨耜，收割用的石镰和斜刃斧，给谷物脱粒用的石磨盘、磨棒等全套生产工具。

俗话说："靠山吃山，靠水吃水。"贾湖人制造了许多捕猎宰杀的工具——有射猎用的骨镖和骨镞（zú），投掷用的石球和弹丸，砍刺用的石斧、石刀、骨匕，捕鱼用的渔网和网坠等。凭借众多的工具、得天独厚的自然地理环境，贾湖人可以获得大量的食物，如鲤鱼、青鱼、小鹿、野兔等。贾湖人将吃不完的动物圈养起来，鸡、猪、狗、羊、黄牛、水牛等这些动物渐渐地被驯化成家养动物。除此之外，贾湖人还采摘到大量野果，如栎果、野菱、野大豆等。

自从解锁水稻种植和家畜饲养两项技能后，贾湖人有了富足的食物。贾湖遗址发现了纺织缝纫用的骨锥、骨针、纺轮，说明贾湖人物资丰富、衣食无忧。

最打动人心的原始音乐

衣食无忧的贾湖人开始追求精神生活。结束一天的劳作后，贾湖人悠闲地喝着自家酿的米酒来缓解一天的疲劳。喝酒之余拿什么来助兴呢？六七千年前，生活在黄河流域一带的半坡人发明了椭圆形的、以吹为音的陶制乐器埙（xūn）。长江下游的余姚河姆渡人发明了骨哨。骨哨前后各有一个小孔，用手指堵住两端对着小孔吹气，就会发出悦耳的声音。

那么，比半坡人和河姆渡人还要早两千年的贾湖人，他们的生活中有没有音乐呢？20世纪80年代，在贾湖遗址的一个墓葬中，终于有了一个石破天惊的发现。考古人员在清理其中一座古墓时，忽然发现在墓主人左腿骨两侧各有一件管状器物，左腿骨外侧的那件已经残断，内侧的一件保存基本完好。它们长约20厘米，直径约1厘米，一面排列着七个小圆孔。这两件器物看上去像是用动物骨头制作的笛子。

现场的考古专家迫不及待地抹去与古笛相伴多年的污泥，将贾湖先民握得光滑油亮的棕色古笛握在自己手中，吹了起来，真的能出声！不过在地下沉睡了八九千年的它，似乎还没从睡梦中完全清醒，发出怪异的、并不悦耳的呜呜声响。

如果这支骨笛真的能吹奏乐曲，那绝对是要改写历史的。它到底是笛子还是洞箫？经过权威测音，终于证明这是贾湖先民使用的骨笛乐器。

穿越八千年的上古之音

　　骨笛身上有七个圆形钻孔，分布排列，很有规律。这七个音孔是怎样合乎音律地刻到管壁上去的？依据笛子上留下的痕迹，我们大概可以推断出来，一根骨头截去两边，保留20厘米或者略长一点，然后在上面钻孔。孔和孔的距离不相等，是根据经验通过一些合理的计算来设置的。孔不可能钻上去就是完全精确的，肯定要经过微调。怎么微调呢？在每个小孔的一侧，我们都能看见一道深浅不一的刻痕，这些标记和符号就是用来调整孔位以控制音高进行调音的。八千多年前的贾湖人在没有任何调音设备的前提下就能制作出音程如此准确的骨笛，这些远古的"调音师"实在令人叫绝。

　　在贾湖骨笛出土之前，很多人认为中国的传统音乐是五声音阶，只有宫、商、角、徵、羽。但是，贾湖骨笛其实已经可以发出近似今天的七声音阶。贾湖骨笛不仅远远早于乌尔古墓出土的笛子，也比古埃及出现的笛子早两千多年，堪称世界笛子的鼻祖。

　　贾湖人为什么用鹤类的尺骨来制作笛子呢？鹤类尺骨壁薄、中空且规整，如果截去两端的骨关节，就是一个音色清脆悠扬的发音管。

　　鹤，体态优雅、步履轻捷、气质飘逸，从古至今一直被中国人视为吉祥长寿的象征。得道成仙的人，也多是驾鹤西去。因此，用鹤骨制成的骨笛意义非凡。所以我们不妨大胆地推测一下，墓主人生前在部落或氏族中拥有特殊地位或特殊成就。因此，在当时物质条件不丰富的情况下，他的墓葬才会有这么多精美的随葬品。墓主人生前应该地位显赫，可能是能够沟通天地和人神的巫师或部落酋长，也是一个音乐迷。

贾湖骨笛已经在地下沉睡了八千多年，应该如何吹奏呢？谁能让这支骨笛再次响起动听的旋律？

1987年，笛子演奏家萧兴华和徐桃英用这支骨笛吹奏了河北民歌《小白菜》，准确的音高和坚实又嘹亮的音色，令所有人激动不已。

八千多年前的一支骨笛，竟然能吹奏出现代音乐，堪称奇迹！贾湖骨笛让今天的我们与远古的先人对话，产生共鸣、心意相通。

贾湖遗址是一座宝库，还有很多未解之谜，贾湖人从何而来，又去向何方？我们期待，随着考古研究的不断推进，能够循着悠扬的笛声，跟随着贾湖人的足迹，还原出八千多年前贾湖人的模样和生活方式。

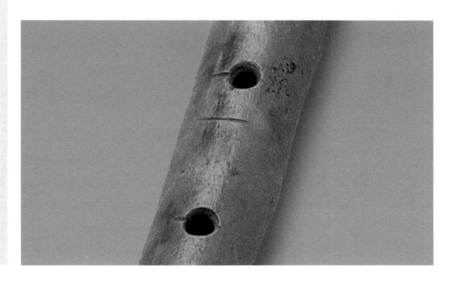

04

仰韶彩陶上的古老国画

鹳鱼石斧图彩绘陶缸

鹳鱼石斧图彩绘陶缸是新石器时代仰韶文化的瓮棺葬具，因为在河南伊川附近出土居多，所以又被称为伊川缸。这一件彩绘陶缸说明六七千年前，我国的黄河流域已经出现了发达的彩陶文化。陶缸上的壁画已经具备了一些中国画的基本画法，应当是中国画的雏形。鹳鱼石斧图彩绘陶缸是首批永久禁止出境展出的国宝之一。

点亮华夏文明第一缕曙光的仰韶文化

大约在六七千年前，在中国北方的黄河边上，一个小村庄诞生了——如今，它叫阎村。当世界上大部分地区的人类还过着四处游荡的生活时，这个村子的人已经开始了定居的日子。

他们不仅建造了很多房屋、家畜围栏和地窖，而且把房屋、墓地和烧陶器的窑分开，在村子外面挖了一道又宽又深的壕沟，用来抵御野兽和敌人。在住宅区的中心有个大房子，是大家开会和举行重要仪式的地方。有的住房是向地下凹陷的半地穴式房屋。

这里处在河流的交汇处，土地肥沃，人们种植了大量的粟，只要种植时顺应天时、地利，就能有很好的收成。人们也掌握了白菜、芥菜等蔬菜的种植技术。粮食充足后，人们有更多的时间思考如何才能让自己的生活更加方便。于是人们创造了石铲、石耜、石锄，来挖土、刨根。粮食越来越充足了，吃不完怎么办？屋里的地窖可以存放多余的粮食。

人们不断思考，创造出捕鱼的石网坠，创造出骨头做的鱼钩和鱼叉，这样既可以用网捕捞，又可以进行垂钓和投叉击刺。

狩猎的工具有石制的矛头和石球。自从人们把凶猛的犬类驯化成打猎的好帮手后，打猎的危险系数就降低了。吃不完或年幼的活猎物就被保留下来，时间一久，人们学会了饲养猪、狗、羊、鸡等。

人们居住的营地中，有专门烧制陶器的窑场和作坊。他们用土烧出了各种形状、各种用途的陶器，比如盛水的尖底瓶、做饭的灶台、吃饭的碗、喝水的杯子、装东西的瓮等。如果想给陶器加上装饰纹样，就在陶坯半干时用含矿物的颜料绘上红色、黑色、白色的几何形图案或动植物花纹，然后用窑火烧干，这样就可以做出漂亮的彩陶了。

这时也出现了用石头和陶土制作的纺麻织布的纺轮。从此以后，人类从"野蛮人"变成了"文明人"。

最古老的国画

这口陶缸的价值主要体现在它上面的彩绘图画。

陶缸的外壁有一幅前所未见的彩绘图画。画的左侧是一只眼大身壮、长嘴、短尾巴，长着一双大长腿的鹳鸟，它的嘴上衔着一条大鱼。画的右侧是一柄带把的石斧。

鹳和鱼没有明显的时代区别。捆绑在棍棒上的石斧就好像画家落款的年号一样，带我们回到了遥远的年代，使人联想到在那苍茫的原野上，人们照旧拿着石斧在紧张地耕作。在清清的小河边，站立着一群白鹳。突然，一只白鹳从河面掠过，叼起一条大

鹳鱼石斧图彩绘陶缸
高度 47 厘米
口径 32.7 厘米
底径 20.1 厘米

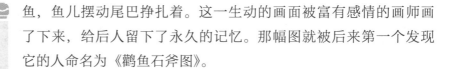

鱼，鱼儿摆动尾巴挣扎着。这一生动的画面被富有感情的画师画了下来，给后人留下了永久的记忆。那幅图就被后来第一个发现它的人命名为《鹳鱼石斧图》。

画师用简练流畅的黑色粗线勾勒出石斧、鱼身的轮廓，鹳的眼睛也用浓重的黑线勾圈，鹳身和鱼身填充成白色。强烈的黑白对比让整幅画面显得生动传神。所以，很多学者认为这幅陶画堪称中国最古老的国画。

这幅画为什么把白鹳衔鱼和石斧这两类看起来毫不相干的事物画在装殓尸骨的陶缸上？它所传达的讯息是相当神圣的。那个时期的普通陶缸造型非常简单朴素。这个陶缸外表为红色，外壁还有构图复杂的陶画。所以这个陶缸并不是普通氏族公社成员的葬具，极有可能是一位氏族首领的葬具。白鹳和鱼应该是氏族的图腾，白鹳象征死者所属的氏族，鱼应该是敌对氏族的代表。这位首领生前想必是英勇善战的，他高举着作为权力标志的大石斧，率领人民，经过殊死战斗，最终打败了鱼氏族。在他去世之后，为了纪念他的英雄业绩，人们就把这口陶缸作为他的随葬品了。

鹳鱼石斧图彩绘陶缸用自己的重生诉说着那份来自遥远年代的生命延续。这就是文物的价值，它好像是时间的注点，告诉我们曾经发生过什么，但又不仅仅是注点，更像是一部书，在讲述着那个时代的故事。

05

女神是怎样炼成的

牛河梁泥塑女神头像

牛河梁泥塑女神头像是一尊相当于真人大小的陶制女人头像，其艺术性可与西方的维纳斯相媲美，表现了对女性的崇拜，也是母系氏族社会的真实反映。牛河梁女神既是红山人的女祖，也是中华民族的共祖。

寻找女神

考古学家们在西欧到西伯利亚的广阔地区，发现了许多用石头、兽骨或象牙制成的裸体妇女小雕像，其制作年代在一万多年以前，甚至更早。小雕像高5厘米到25厘米，体态丰腴，四肢简化，五官省略，胸部、肚子和臀部却非常突出和夸张。所以，考古学家借用古罗马神话中象征美与爱的女神维纳斯的名字，将这些丰乳肥臀的妇女小雕像称为"史前维纳斯"。先人们直接用这种体态丰满的雕像来表达对女性的崇拜和爱慕。

那么，我国的女神是何时被发现的？

在20世纪80年代，考古人员在牛河梁发现了一尊人头塑像。头像是用黄黏土掺草禾塑成的，大小与真人头部相当。她方圆脸，高颧骨，浅眼窝，低鼻梁，显得很饱满，与现在华北人的脸形很相似。她双目圆睁，镶嵌着经过抛光处理的青色玉石，显得炯炯有神，神采飞扬。

虽然她的肢体已经残缺不全，左耳缺了半边，但女神打了耳洞，戴了耳环，涂了红色的口红，头上可能还戴着花环、盘辫或

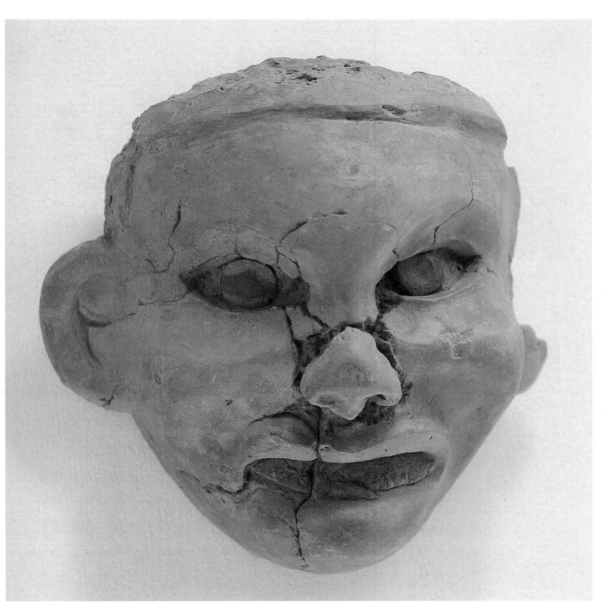

牛河梁泥塑女神头像
头像高 22.5 厘米
通耳宽 23.5 厘米

缠了一条粗布巾带。她的表情镇定坦然，似乎带着一丝若有若无的安详的微笑，注视着五千年后的人们，人们称她为"东方维纳斯"。牛河梁遗址是中华民族寻祖问源的圣地，她是红山人的女祖，也就是中华民族的共祖。

红山人富足的生活

五六千年前的中国北方就有一个"女儿国"。五六千年前的红山气候温暖湿润，雨量充沛、草木丛生、土地肥美，便于耕作。茂密的森林是动物的天堂，心灵手巧的红山居民们打磨出小巧玲珑的石制箭头来打猎。和其他地区的人们一样，那些吃不完的猪、绵羊、山羊，被人们畜养起来，只有在重大的日子，人们才会杀猪宰羊来庆祝。

红山人在农业生产上投入了更多的时间和精力。他们用呈烟叶形和鞋底形的石耜和有肩石锄掘土，种上水稻、小麦、大麦、扁豆、豌豆。他们用桂叶形双孔石刀收割成熟的谷物，再用石磨盘和石磨棒加工谷物。人们需要更多的陶器来储存富余的粮食。经验丰富的工匠开始专门从事烧制陶器的工作，他们喜欢用泥巴制作陶器，如钵、小口双耳罐、盆、瓮。陶器的颜色是鲜艳的红色，就像红山人的日子一样，红红火火。

当时的制陶方法还有轮制法，做法是将泥放在陶轮上，借着陶轮快速转动，用提拉的方式使泥料成型。用这种方法做出来的陶器厚薄均匀，形状整齐，外表更润滑、细腻。坯胎做好后，他们在陶器的四周刻上精美的直线纹或之字纹，最后再把做好的陶器放进双火膛连室陶窑烧制，做出来的陶器又实用又好看。

红山人不仅会加工陶器，还掌握了玉器的打磨加工技术。从古至今，玉都是贵重美好的象征。红山人用简单的工具耐心细致地打磨玉石，制成玉龟、玉凤、玉猪龙等各种动物形状的玉器。在他们死后，这些玉器与他们一起长眠于地下，他们希望借这些象征吉祥幸福的玉器来表达追求幸福生活的美好愿望。

祭坛和神庙前的祈祷

生活富足的红山人觉得生活还是需要点仪式感的。为了表示对神灵的尊重和虔诚，红山人修建了用土堆成的祭坛或神庙，然后再用竹木或泥土塑造神灵偶像，对其跪拜叩头表示顺服。他们在祭祀时拿出最好的东西祭献，以求能感动神。

牛河梁遗址坛、庙、冢群的发现，代表了我国北方地区史前文化发展的最高水平，从这里我们看到了五千年文明的曙光。

古人相信万物皆有灵，所以要祭祀的对象很多。五千多年前的人们已经越来越依靠农业和土地来维持生活，因为看见农作物是从土地中生长出来的，便以为农业收成的好坏全由地神决定，于是就开始土地崇拜。人类对土地的崇拜，又转变成对女性和母亲的崇拜。人类把土地视为氏族——部落全体成员共同崇拜的祖先，并亲切地称之为地母。

人们还专门精心设计建造了一座庙，用来供奉女神，后人称它为女神庙。庙身是用草和泥搅拌后的材料一层一层地黏合而成的，庙墙上还有人们精心描绘的壁画。与当时普通村落遗址中那些低矮、窄小、没有任何装饰的住房相比，这座宽大、装饰精美的房子简直就是一座宫殿。当然，普通人是无法随意进入这个地方的。每到祭祀的日子，居住在周围的红山人就会从四面八方来到祭祀广场，围绕在祭坛的周围。人们把女神请到祭坛上端坐，把玉帛、牺牲放在柴堆上焚烧，借助升腾的烟气将焚烧的猎物、玉器等祭品献给天上神灵。先人跪拜在女神像前祈祷，祈求神灵保佑他们多多繁育子女，人丁兴旺，部落强大；祈求神灵保佑他们丰衣足食，人畜平安。

06

欢乐起舞的先民

舞蹈纹彩陶盆

舞蹈纹彩陶盆是新石器时代后期先民用来盛水的一种陶器，画面再现了先民们跳圆圈舞的热烈场面，描绘了原始先民用舞蹈来庆祝丰收、胜利和祈求上苍、祭祀祖先的场景，通过它可以了解到中华民族舞蹈的起源和五六千年前人们的聪明才智以及生活情趣。

舞蹈的起源

早在五六千年以前，黄河流域上游地区的原始部落中出现了先民们披着兽皮、系着兽尾跳舞的情景。在吃不饱、穿不暖的原始社会，人类想要战胜自然是非常困难的。因此，先人们不得不特别关注各种自然现象，并通过一些特殊的仪式对大自然进行祭拜，以寻求打开人与神沟通的通道，把诉求传递给上天，祈求上天保佑自己的族群。

跳舞既在祭祀活动中跳，又在喜庆活动中跳。当人们有了喜事，如粮食丰收、小孩出生、病人痊愈、部落取得来之不易的和平时，先人们都会为了表达自己内心的快乐，聚在一起载歌载舞，以示庆祝。为了繁衍后代，先人们也会在特定的日子里召集部落中的年轻男女举办舞会，大家一起手拉着手，在舞蹈中交朋友，彼此产生好感，最后走向婚姻的殿堂。

蒙古族就有一种叫"古列延"的休息方式，每天狩猎结束，蒙古人就把马具或车围成一圈，人在其中休息。久而久之，这些生活方式逐渐演变为一种比较普遍的舞蹈形式：人们以火堆、大

舞蹈纹彩陶盆

高 14.1 厘米
口径 28 厘米
底径 10 厘米

树等物体为中心，围在其周边跳起集体舞蹈来抒发自己的心情，纪念自己的荣耀时刻。这种环舞的形式在今天依然存在，如云南景颇族的金再再舞，是由两位男子装扮成两只鸟，其他人则围着这两只鸟，模拟人们猎鸟时的情景跳舞。藏族、纳西族的踏锅庄舞，是在场地上生一堆火，人们围着篝火舞蹈。佤族的圆圈舞，鄂伦春族的转圈舞等，也都是环舞形式。

古老的手艺

　　1971 年，在中国青海大通出土了一件彩陶盆。大通临近黄河，有丰富的适合做陶器的黑钙土、褐土。因此，在中原的彩陶文化衰落后，位于黄河上游地区的彩陶文化异军突起，持续发展了数百年，将彩陶文化推向了前所未有的高度。

陶器是古代人日常生活中必不可少的物品。为了发展生产，提高生活水平，人们曾不断地改进制陶技术，以求生产出数量多、造型美的陶器。想要做一件好的彩陶并不容易，需要经过很多个工艺流程：如陶土的选择、淘洗、和泥、泥条盘筑成型、修整、晾晒、绘制花纹、磨光、入窑烧制等。

五六千年前，甘肃、青海等黄河上游地区的制陶技术，已经摆脱了只能靠手工制作陶器的落后状态。虽然大多数陶器还是以泥条盘筑法成型，但是他们可以选用非常细腻的泥土做成型，然后再慢慢地打磨。为什么制造陶器的方法相同，但这一时期的陶器却比江西仙人洞的陶器更细致呢？秘诀就在于慢轮制陶技术。

制陶技术主要分手制和轮制两大类。手制是最简单易学的方法，仙人洞陶罐是典型的手制陶器。轮制又分慢轮制陶和快轮制陶。慢轮制陶是比较古老的方法。用木棒使轮盘转起来，在可以转动的轮盘（慢轮）上制坯，利用轮盘的旋转修整器物口沿并使它变得规整。以慢轮修整的陶器，会在器底和器口遗留下轮旋产生的同心圆。经过慢轮修过的陶坯胎壁更加均匀，摸起来非常光滑。

彩陶是先用类似毛笔的工具在陶坯表面画上各种图案后再烧制而成的。上色用的矿物颜色必须既要显色性好，又要耐高温，不易分解。得益于得天独厚的土壤环境，这一时期的青海工匠们已经可以熟练地使用各种颜料，甚至可以通过配色使色调发生变化，让彩陶的色彩层次更加丰富。

手之舞之，足之蹈之

国宝小档案

我的名字：舞蹈纹彩陶盆。

我的特征：1973 年出土于青海省大通县上孙家寨墓地，是新石器时代后期马家窑文化的代表，陶盆呈橙红色。

我在哪里：中国国家博物馆。

我能告诉你：舞蹈纹彩陶盆真实生动地再现了先民们跳团体舞蹈的热烈场面，反映了五六千年前人们的聪明才智和生活情趣，证明了当时先人们在从事狩猎的同时已开始涉及农业生产劳动，对后人了解原始先民的生活，探索舞蹈的起源、发展和艺术特征等都有重要的参考价值。

在青海大通出土的舞蹈纹彩陶盆造型优美，上腹部为弧形，下腹内收成小平底。它开口比较大，便于盛放东西。盆子底部收缩成一个小平底，便于平稳地摆放，看起来就像当下平常吃面用的大海碗。

舞蹈纹彩陶盆是远古时代的一幅现实主义佳作，内壁上描绘了原始先民生活场景的图画。彩陶盆的口沿和外壁以简单的黑线条作为装饰，内壁装饰有三组舞蹈图案，每组均为五人，舞者手拉着手，面部都朝向右前方，步调一致，连辫子都甩向同一方向。他们手臂交错，步调一致，舞姿轻松自然，情绪欢快热烈。三组舞蹈人正好把陶盆环抱一周，盆中盛水时，小小的陶盆宛如平静的池塘，池边欢乐的人群映在池水之上，相映成趣。但专家发现如此精美的陶盆并没有被明显使用过的痕迹。它的作用是什么？或许我们可以从其他类似的陶器中寻找答案。它可能与半坡人面鱼纹盆、鹳鱼石斧图彩绘陶缸一样，都是宗教用的祭器。

这些舞者是什么人？他们究竟为何歌舞呢？专家们各有各的看法。有人认为这是体育活动，有人认为这是祭祀祖先或者祈求上苍保佑，也有人认为这是为庆祝丰收而举行的活动。虽然谁也无法说清楚舞蹈纹彩陶盆的舞者真正要表达的意思，但舞蹈纹彩陶盆描绘的翩翩起舞的场景，是中华民族舞蹈的源头。

07

中华第一雕龙

红山玉龙

红山玉龙是在新石器时代被精心雕琢而成的龙形祭器，因其表现出的中国早期龙形象，被称为"中华第一玉雕龙"。玉龙是用黑绿色的玉制成的，雕工分外精美，具有很高的艺术价值。通过这件做工精细的玉龙，可以了解到先人们对猪和蛇等动物的崇拜，以及先人们是如何制作和使用玉制礼器的。

遥远的东方有一条龙

古往今来，中国人对龙有一种独特的情感，常常把自己称作"龙的传人"。七八千年前，内蒙古赤峰地区的先人创作了大量龙的早期形象。有的先人把野猪头当作龙头，有的先人把猪、鹿和鸟三种动物融合绘成神龙画像，有的先人把目光温顺、肥头大耳的小猪雕刻成龙的样子。在先人们创作的稀奇古怪的龙中，出现最多的是猪和蛇，可见先人非常崇拜猪和蛇。猪和蛇是先人们最常见、最熟悉的狩猎目标。

当先人学会了耕作后，这些与他们生存密切相关的动物就被当作神灵加以膜拜。猪不仅是主要的肉类食物来源，而且先人把它当作一种与水有关的神兽。每到祭祀时，人们就会把它抬出来进行供奉，希望风调雨顺。蛇的活动与季节变化有关，当人们看到蛇从冬眠中苏醒过来，就意味着春天来了；当蛇开始冬眠时，就是在告诉人们寒冷的冬天就要到了。因此，蛇被先人当作土地和繁殖能力的象征。在崇拜猪和蛇的基础上，先人想象出一种以

红山玉龙
高 26 厘米

猪为头、蛇为身的新崇拜对象，它就是龙。先人为了表现对龙的重视和尊敬，想尽办法挑选最好的材料来打造龙的形象。最终，玉这种稀有珍贵的材料脱颖而出。

高贵的玉

中国人自古以来就有崇尚玉的传统。在古代，玉器是当作工具来使用的。由于玉器色彩鲜丽，细腻匀润，稀有难觅，所以逐渐被视作纯洁、美好的象征，成为沟通天地的神物，常被用于祭祀和礼仪活动中。先人们希望它能帮助人们得到神灵的庇护。

伴随着社会阶层的分化，高贵神秘的玉器成为原始社会显贵人士社会地位的象征和最重要的装饰品，甚至成为先人庇护祖先坟墓和防止尸体腐烂的陪葬品。在遥远的原始社会，玉的开采和加工都是非常困难的。一般来说，要想制作一件精美的玉器，第一步是采玉。面对坚硬无比的巨大石头，硬敲是不行的。先人发明了一种聪明的办法，他们把烧红的木头插入含有玉石的石头缝隙里，让石头受热崩裂后，玉石自然掉出来。第二步是解玉，用硬度很大、韧性很好的兽皮线来对玉石进行切割、修整和研磨，将大块不规则的玉石磨制成要加工的基本样式。第三步是钻孔和雕刻，先人按照预先设计的草图，用玛瑙、燧石（可打出火星的石头）、鲨鱼的牙齿等比玉石更坚硬的物品对玉石进行雕刻、打孔。最后是抛光，先人用兽皮在玉器上反复摩擦，通过兽皮的油脂可以使玉器更加明亮。经过一道道工序，一件光彩夺目的玉器终于制成了。这个过程可能要花费先人十年甚至几十年的光阴，可见玉的珍贵。

美玉雕神龙

早期玉石比较集中地出现在大约六千年前的内蒙古赤峰一带的红山地区。这里的先人们伴随着生活水平的提高，审美意识的增强，开始逐渐掌握了制作玉器的技术。他们从众多石头里挑出美丽而温润的玉石，加工成各种动物造型的装饰品，如玉鸟、玉蝉、玉龟等先人们崇拜的动物，祈求帮助他们免除灾难，带来好运。他们相信，用神物玉来制作人们崇拜的神灵龙，这样的玉器一定能沟通天地。于是，红山先人开始尝试用玉来雕刻神龙——红山玉龙因此横空出世。

红山玉龙与今天看到的龙的形象不太一样。它没有我们熟悉的龙鳞，没有张牙舞爪的龙爪，也没有高大威武的身躯。它通体呈墨绿色，有倔强的猪头和光滑的蛇尾，整个造型就像一个大写的英文字母C。更让人好奇的是，在这个龙的脊背上还留着一个圆孔，用绳子通过圆孔将玉雕龙挂起来，龙的头和尾巴刚好处于首尾呼应的一条线上。红山文化的先人们相信玉龙是沟通天地的礼器。每当祭祀时，它的主人就会将玉龙挂在自己的胸前来主持祭祀活动。伴随着主人的死去，玉龙将成为庇护主人墓葬、保护主人遗体的陪葬品，从此被深埋于地下。

1971年8月的一个下午，翁牛特旗赛沁塔拉嘎查农民张凤祥在果林里劳作时，发现了一个人工砌成的石洞。在好奇心的驱使下，张凤祥在石洞的底部拣出了一块像钩子的玉。张凤祥带着这块玉到了翁牛特旗文化馆。这之后的13年，玉龙就被遗忘在文化馆的箱子里。直到1984年，牛河梁发现五千年前的玉猪龙的消息传到了翁牛特旗。文化馆负责人才想起那块与玉猪龙形态相似的玉龙。他立即赶到北京，请著名考古学家苏秉琦鉴定这件玉器。经过鉴定，这件玉龙被确认：这是一件有着五千年历史，国内首次发现的"中华第一玉雕龙"。

红山玉龙代表了先人们最初对龙的想象，它带着先人对猪和蛇的崇拜，为我们打开了一扇探索龙、追寻龙的起源的大门，成为史前中华大地上最耀眼的一道光辉。

十九节玉琮

玉琮是新石器时代良渚文化中沟通天、地、人、神的最重要的礼器。玉琮的基本形制为内圆外方，表示天圆地方。玉琮的器形大小不一，有单节和多节之分。十九节玉琮是目前国内所见最高的玉琮，被称为玉琮之王。它蕴含着良渚先民的宇宙观念和精神信仰，是中国史前玉器文化的巅峰。良渚文化所创造的玉礼器系统以及君权神授的统治理念在中华文明史上有重要的地位。

沟通天地的巫师

人们如何与天地沟通呢？传说，中上古时期，人们把山或者树当作天梯，作为通天的工具，具有法力的巫师通过祭祀的方式与天地之间的神灵沟通。

作为沟通天地的使者，早期的巫师与大家一起劳作，日出而作，日落而息，是一个为大家服务的人。巫师为了更好地与神灵沟通，时常利用鱼、蛇等一些小动物来协助自己传达神灵的旨意。他们除了为部落沟通天地外，还要承担为部落消灾祈福，为生病的人治病，为死者招魂等诸多事务。

随着社会的发展和分化，沟通天地的权力逐渐被少数人占有。统治者为了树立权威，往往需要借助巫师的神力。因此，统治者与巫师的联系越来越紧密，很多时候，统治者就是巫师。正是凭借这种权威，巫师可以利用手中的权力调集足够的人力、物力来建造工程浩大的祭坛。巫师还可以利用

手中的玉钺来调动部族军队。在已发现
的巫师墓葬中，精美的玉钺与玉琮往往
放在一起，说明墓主人不仅掌握着沟通
天地的祭祀权力，同时也掌握着部族的
军事权力。

良渚人的圈子和礼仪

　　浙江良渚人很早就学会了如何大规
模地培育种植水稻。当时的社会财富和
土地为少部分有权有势的人掌握，一些
富有的首领和显贵成为贵族。在部落里
已经出现了拥有很高权威的领导人物，
他凭借手中的权力组织人们修建规模宏
大的都城和宫殿，指挥强大的部落军队
外出征战，号称天下无敌。

　　玉器制造行业是良渚的特色产业。
制作精美的大玉琮的工艺非常复杂，这
些生产工序被细致地划分给不同的工匠，
以提高生产效率。为了让每一件玉器都
更加美观，工匠需要花费更多的心思来
研究如何在玉器上雕琢出精美而繁密的
纹饰。

十九节玉琮
高 49.7 厘米
上宽 6.4 厘米
下宽 5.6 厘米

为了标识不同阶层的人的身份和地位，良渚人制定了一种凭借玉器就能区分等级的礼仪制度。贵族能用得起制作精良、装饰精美的琮、璧、钺等大件玉器。平民只能使用管、珠等小件玉器。如果想知道当时的人的身份地位，只需要看一眼他身上佩戴的玉就可以判断贵贱尊卑了。

良渚的玉器数量多，品种丰富，有璧、琮、璜、环、珠等几十种，有鸟、兽、虫、鱼等不同造型，制作非常精巧。有些玉器上还出现了不少刻画符号，这些符号中的字体看上去已经接近商周时期的文字了。虽然现在还没办法破译这些符号传递的信息，但这些"原始文字"预示着中国文明的曙光正在从良渚冉冉升起。

通天法器带来礼仪文明的曙光

无论在良渚发达的制玉文化中，还是在巫师祭祀活动中，玉琮都扮演着不可或缺的角色。玉琮被巫师当作通天法器，谁拥有玉琮，谁就拥有了沟通天地的权力。

玉琮是一种内圆外方、上大下小的筒形玉器，内圆和上部偏大的造型象征天，外方和下部偏小的造型象征地，体现了祖先天圆地方的宇宙观。玉琮中心有一上下对穿的圆孔，代表着天与地之间的沟通，好比是神灵从天上下到人间停留的小房子，供神灵歇脚用。玉琮有单节和多节之分。节数越多的玉琮，钻孔的时间越长，制作难度越大，所以超过十节的玉琮数量非常少，自然更加珍贵。

1987年，在浙江余杭瑶山7号墓，出土了一件十九节玉琮，高约半米，是当之无愧的玉琮之王。如此精美的玉琮自然不是普

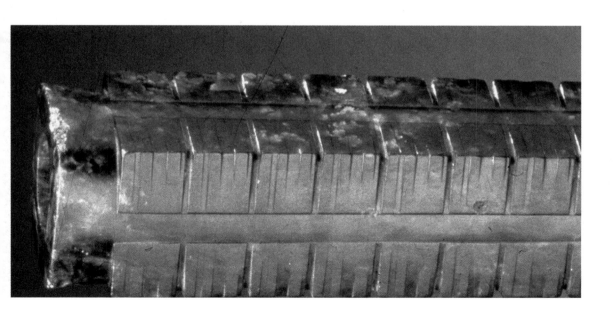

通人所能拥有的，说明这时的巫师已经垄断了通天地的权力，成为氏族部落中的显贵。

在祭祀过程中，玉琮往往会与玉璧一起使用。巫师先把玉璧平放在玉琮上，再用一根木棍贯穿于玉璧和玉琮的中间孔洞，构成一个沟通天地的柱子，进而组合成一套通天法器，好让神灵在降临人间时依附于此。

五千多年前，耜耕农业发展为犁耕农业，不仅为农业发展奠定了有力的基础，而且也推动了手工业的进一步发展。良渚玉器更是成为首屈一指的工艺品，揭开了中国礼制社会的序幕。刻画在玉器上的原始符号被认为是中国成熟文字的前奏。良渚先民用勤劳的双手、智慧的心灵创造了辉煌，把良渚文化推向了文明时代。原始社会后期，经过几千年的不断发展，中华大地上的先人们已经从蛮荒的史前社会迈入了文明的大门，走在建立国家的路上。

国宝小档案

我的名字：十九节玉琮。

我的特征：这件玉琮典雅庄重、神秘肃穆，是目前国内所见最高的一件玉器。它的四边是高度符号化的兽面纹，近顶端阴刻有日月纹图案，体现了良渚文化与山东地区新石器时代文化的交流与融合。

我在哪里：中国国家博物馆。

我能告诉你：玉琮不仅在当时被当作通天法器来沟通天地，而且揭示了中国礼仪制度的起源。

《大禹治水图》画像石

劳身勤苦惜寸阴

画像石是中国古代文化遗产中的瑰宝。画像石由汉代没有留下姓名的民间艺人在墓室、棺椁、墓祠、墓阙上雕刻而成，是以石为地、以刀代笔的石刻艺术品。画像石从西汉中期开始流行，一直延续到东汉末期，随着汉代的灭亡而绝迹。根据画像石上雕刻的内容，可以了解到大禹治水三过家门而不入的事迹。在禹的带领下，部落联盟势力不断壮大，禹最终建立起第一个国家。

英雄时代

在距今五千年前的黄河流域，黄帝统一了华夏的各个部落，在他死后，出现了几位杰出的部落联盟首领，他们是尧、舜、禹。

传说尧生活简朴，住的房子很简陋，盖房子使用的是没有修剪过的茅草、芦苇和没有刨过光的椽子；吃的是粗粮，喝的是野菜汤；冬天披兽皮，夏天穿麻衣。但他对百姓却很关心，部落里如果有人挨饿受冻，他就责怪自己没有做好工作，以致让大家挨饿受冻了；如果有人犯罪受到处罚，他也责怪自己平时没有教育好大家，自己应当承担责任。

舜接替尧，担任部落联盟的首领。舜严于律己，宽以待人。他曾几次遭到继母和同父异母弟弟的陷害，好在他贤惠的妻子巧设妙计，才保护他化险为夷。但是，在舜被推举为部落首领之后，他却不计前嫌，宽待他的继母和弟弟，曾经伤害他的人被他感化而一心向善。

舜年老退位后，又将首领的位置传给了受到大家高度赞扬的禹。由于尧、舜、禹三位首领治理部落都很有智慧，当时社会呈现出一片安宁祥和的太平景象，他们也因此被后世尊奉为圣贤人物，他们所处的时代也被誉为英雄时代。

文明社会的到来

虽然尧、舜、禹的故事只是传说，但我们从这些圣贤人物的故事中也能发现，伴随着金灿灿的稻谷和绿油油的麦田的不断增加，伴随着高大的城池，铜器、礼器和玉器等象征财富与权力物品的出现，史前社会即将结束，一个更加繁荣的文明社会即将到来。

舜把王位禅让给禹。禹先后在涂山和会稽召集部落会盟，数以万计的部落都争先恐后地参会。会稽会盟时，防风氏首领因为迟到而被禹处死。禹为了让子民能够服从命令，还制定了禹刑。通过这种严格的控制，再也没有人敢不听禹的指令了。这说明早期的王权已经产生，国家开始出现了。

夏朝的人们已经广泛使用农业工具了。他们用木头、石头和动物的骨头来制作农业工具，石斧、耒耜等的出现大大提高了人们耕作的效率。夏人会制作陶器、漆器等生活用品，

当然，他们最大的进步是掌握了如何铸造青铜器，能够打造黄铜锥、红铜斧、青铜刀等青铜器物。

《大禹治水图》画像石
全长 3 米

为了展示王权的威仪和社会阶级的分化，夏朝开始修筑规模宏大、气势庄严的宫殿和祭台，编导只有夏王才能观赏的具有沟通天人功能的音乐与舞蹈，制作用于礼仪活动时标识身份地位的玉环、玉琮、玉佩等物品。夏朝各个行业的发展，都标志着人类在黄河母亲的呵护下已经跨入了文明社会。

"母亲河"发威

黄河母亲的脾气并不好。她就像一匹很难驯服的野马，时不时就要发一些小脾气。她发脾气时任意奔流，滔滔不息，吞噬着万顷良田，淹浸了千万个村庄，让她的子女们受尽洪水之苦。

鲧（Gǔn）花费九年时间，带领大家修筑的堤坝也没能让黄河母亲消气，洪水还是冲毁了大家的家园，鲧治水失败。

禹经过实地考察，决定采用开凿沟渠、疏通河道的新方法来治理洪水。禹与大家同吃同住，13年如一日。禹的工作太忙了，好几次路过家门口，都没有顾得上进去看看父母、妻子和

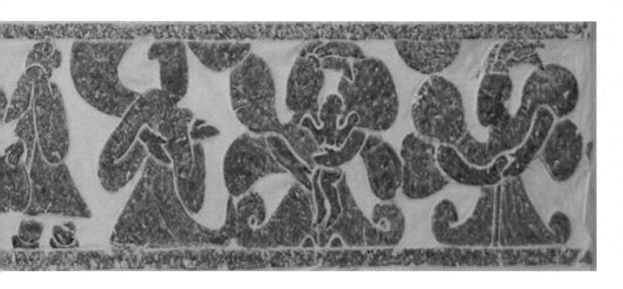

国宝小档案

我的名字：《大禹治水图》画像石。

我的特征：画像分为上下两层，画面全长 3 米，共刻有 10 个人物，表现了大禹治水的故事。

我在哪里：徐州汉画像石艺术馆。

我能告诉你：这幅画像石有利于我们了解夏朝的建立和古黄河发展的历史，同时也表现了后世人们对身先士卒、公而忘私的"大禹精神"的赞扬。

刚出生的孩子。

最终，通过禹和大家的共同努力，终于将洪水引入大海，解决了水患。黄河母亲从此安静下来，专心地养育她的子子孙孙。禹在治水过程中表现出的大公无私的精神与美德，得到人民的信任与崇拜。后人把他尊为圣人，专门为他设立祠堂来祭祀。

后人把大禹刻画成传说中的天神或者大鱼。禹因为治水有功，赢得了众多部落首领的拥戴，被推举为所有部落首领的领导者，禹在各部族之间的威望达到顶峰。他把这些部族结合起来，组成一个更有组织、更有纪律的大集体。于是，中国第一个国家诞生了。

大禹治水因为没有确切的考古资料，仍然只是一个传说。但禹的功绩、禹的精神都深深地影响了历代中华儿女。东汉时期，人们为缅怀大禹雕绘了大禹治水画像石：只见他头戴斗笠，手持耒耜，微微向左望去，仿佛正在号召大家："洪水虽然冲毁了我们的家园，但它冲不毁我们的意志。让我们一起去战胜它吧！"

射日英雄传

《羿射十日图》画像石

南阳汉画馆收藏着一块东汉时期的《羿射十日图》画像石。汉代画像石反映的主题非常丰富，有历史故事、神话传说和生产生活等众多题材，从不同侧面反映了汉代社会生活。《羿射十日图》画像石展现了汉代人的诸神观念和众神构成，是认识早期华夏文明的重要图像资料。

羿与后羿

在中国，羿射十日的故事家喻户晓。传说，远古时候本来有十个太阳，它们轮流当值，秩序井然，天地万物一片和谐。但有一天，十个太阳忽然搞起了恶作剧，倾巢出动。十个太阳像十个大火团，天空亮得叫人睁不开眼，地面上热得叫人喘不

《羿射十日图》
画像石

过气，河里的水全被晒干了，地里的庄稼也全都干枯了，森林着火了，所有的树木庄稼和房子都被烧成了灰烬。很多老百姓因为太阳的暴晒而被热死了，毒蛇、猛兽、毒虫借机危害人类，人类濒临灭绝的危险。

这时，擅长射箭的夷族出现了一个年轻英俊的英雄，叫羿。他是嫦娥的丈夫，是神箭手。他看到人们被太阳炙烤的苦难，心中十分不忍，便暗下决心射掉九个太阳，帮助人们脱离苦海。尧请来了羿，羿射落了九个太阳。羿射十日的故事也逐渐被后人传颂开来。然而，后人在歌颂羿射十日这个故事的过程中，逐渐把夏朝的一位君主"后羿"的名字与羿搞混，以讹传讹，就这样，羿射十日阴差阳错地变成了后羿射日。

其实真正的后羿出现在夏朝初期。大禹的儿子启死后，启的儿子太康继位。太康整天只知道吃喝玩乐，不管政事，只爱打猎，荒废朝政。有一次，太康带着随从到洛水南岸去打猎。有穷氏部落首领羿乘虚而入，带领东夷各部族挥师西进，奇袭洛水。羿力大无比，又秉承家传射技，一举控制了夏朝的王都。

射日英雄传——《羿射十日图》画像石

羿在众位诸侯的压力下，被迫把王位让给了太康的兄弟仲康。但羿掌控朝政，独揽大权，仲康在位的13年形同傀儡。仲康死时告诉儿子们复国的期望。仲康死后，羿立仲康的儿子相为王。等到时机成熟时，羿罢黜并赶走了相，终于夺取了夏朝的王位，坐上了梦寐以求的龙椅，成为夏朝的君主后羿。

当时的国君有多种称呼，活着的时候称后，死了以后称帝，后羿的"后"字就是帝王之意。所以，有穷氏部落首领羿变成后羿，完全是因其取代夏政而来。这就是历史上有名的夷人代政、后羿代夏事件。

流氓之徒寒浞为王

令人意外的是，后羿步上了太康的后尘。他和太康一样，四处打猎，把国家政事交给他的亲信寒浞。

寒浞本是东夷族伯明氏，因名声不好被本族人驱离家园。后羿野心勃勃，大力收留其他部落的人，以壮大自己，无处可归的寒浞投奔了后羿。寒浞溜须拍马的本事是别人望尘莫及的，后羿非常倚重他，时常把国家政事交给他代理，自己则开始享受人生，置国家大事于不顾，慢慢腐化堕落。

寒浞是个谄上欺下的阴险小人，用后羿的钱收买后羿的部属，用后羿给他的权力打压后羿的忠臣，用后羿对他的信任勾引后羿的妻子，不断培植自己的势力，收买人心，把后羿彻底架空。

太康的悲剧很快就在后羿身上重演。史书上说寒浞伺机暗杀了后羿，自己当上了国君。

少康复国

也有一些历史学家认为《羿射十日图》画像石映射了夏朝的附庸夷人首领羿不守本分，发动政变，谋害了夏朝的数位君主并篡位，也就是射日，最后只有少康幸免于难，少康是唯一幸存的金乌。这是因为夏朝的帝王自比太阳，他们认为自己像太阳一样拥有天下，而唯一幸存的金乌是遗腹子少康。那么，少康是如何躲过寒浞的杀害呢？

寒浞自以为已经把夏王朝的子孙斩尽杀绝，自己可以高枕无忧了。可是他没想到的是，相已经怀了身孕的妃子从狗洞爬出去，历经艰难险阻，逃到娘家有仍氏部落，生下遗腹子少康。长大成人后的少康得知自己的身世，极度悲愤，立志复仇兴国。少康毕竟是大禹的子孙，他遗传了先辈的智慧，不忘父仇和亡国之辱，刻苦习文练武，广交天下勇士贤臣，联合一切对寒浞不满的势力，组织成一个反寒浞、光复夏朝的联盟。

少康巧妙地利用寒浞和各部族的矛盾，在各诸侯国之间展开巡回演说。终于，各个部族联合起来，将寒浞和他的两个儿子杀死，迎接少康回到了夏国的都城。就这样，少康把祖辈丢掉的国家恢复了。少康自幼历尽苦难，复国后勤于政事。在他的治理下，天下安定，各部落都拥戴他，夏朝再度兴盛，史称少康中兴。

华夏第一爵

二里头文化铜爵

二里头文化铜爵（jué）是一件喝酒用的青铜器，也是一种很重要的祭祀礼器。用爵喝酒在当时是一种显示贵族身份和地位的新风尚，爵也顺理成章地成为表现贵族等级的一种标志。1984年，它被发现于河南偃师县的二里头，是目前已知中国最早的青铜容器，也是最早的青铜酒器。通过它可以了解夏朝晚期人们的劳动生活、祭祀活动和浓郁的酒文化。

夏人生活

夏朝晚期气候温暖，水源充沛，为种植农作物提供了比较好的自然条件。随着夏朝历法的进步，夏人已经可以根据不同季节的变化来安排农业生产活动了。成群结队的夏人，手持石斧、石刀、木耒和骨铲等工具，在田地里进行集体耕作。随着社会阶层的分化，大量的田地和资源被王室贵族占有，只有很少的田地和资源留给农业劳动者自己使用。

当时夏朝人主要的食物来源除了耕田种地，还可以通过捕鱼、狩猎等方式获得。为此，他们用石头、骨头和陶制作了大量的叉子、鱼钩和矛等捕猎工具。农业得到迅速发展，存粮的公共窖穴里堆满了谷子、麦子、稻子和豆子等粮食作物。食物有了剩余，多余的粮食被用来酿造美酒，夏朝饮酒成风。粮食的富余使得夏朝人口大幅增加，居住条件不断改善，居住地域不断扩大。夏朝人逐渐告别了低矮的地穴式房屋，住进了用石柱搭建的拥有隔间和泥壁的房屋。统治者们为自己修建了规模宏大、气势庄严的宫殿。

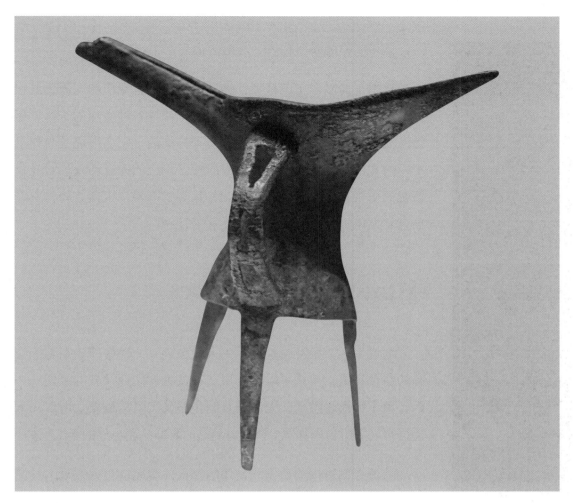

二里头文化铜爵

通长 14.5 厘米
高 13.5 厘米
重 0.75 千克

夏朝人穿什么呢？夏人已经能够熟练地用陶制或石制纺轮来纺织衣料。但他们对衣料的使用有着严格的限定。普通百姓只能使用麻布作为他们的衣料，贵族则享用奢侈的丝织品。

陶器是夏人最主要的生活用品。日常存放粮食等物品需要用到的罐子、盘子、盆、缸和瓮等，大多是陶器。除了日常用品，夏人还制作了陶羊、陶狗、陶兔、陶龙等艺术品，用来观赏或在祭祀时使用。除了普通人使用的黑陶，夏人还尝试烧制专供贵族使用的白色陶器和原始瓷器。昆吾是当时有名的制作陶器的地

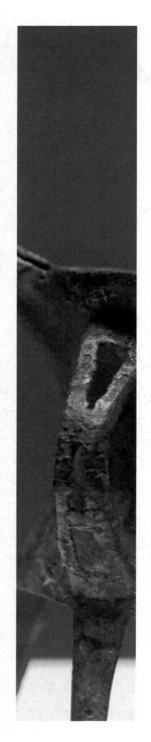

方，这里制作的陶器代表了当时的最高水平。

夏朝玉器制作工艺精湛，据说当时已经有专门的玉器工匠和作坊。玉器工匠们可以制作出钺、戈、琮等各种类型的玉器。显然，夏人是不会用这些珍贵的玉器去打仗的，它们只能被当作祭祀用的礼器。这些玉器反映了当时加工工艺的先进和人们对礼仪祭祀的重视。夏朝人除了可以制作精美的陶器、玉器之外，已经逐渐掌握用青铜来制造工具的技术了。

青铜时代

据说早在原始社会晚期，先人们发现了一种像孔雀羽毛般漂亮的绿色石头，用它可以冶炼出一种黄色的质地柔软的金属——铜。由于铜太过柔软，无法满足制作坚硬工具的需要，所以先人们最初只能用它来制作一些简单粗糙的装饰品和小件的手工工具。

随着人们对铜的认识和使用的深入，聪明的夏人发现，往铜里加入一种叫锡的金属，就会使柔软的铜更容易熔化铸造，而且会变得异常坚硬。于是，人们就不断地探索尝试如何把铜和锡完美地熔合在一起，以生产出满足不同需要的金属工具。终于，一个闻名世界的青铜时代来临了。

当孔雀石被开采出来后，聪明的夏朝人首先会在采集地进行初步冶炼，将一块块笨重的石头通过火烧等方式提炼成纯度很高的铜块，这样就省去运输的麻烦。然后，沉甸甸的铜块被运到国都附近的铸铜作坊。首先，铸铜作坊会根据人们的需要，按照铸造器物的形状来提前制作一些模具。其次，用坩埚将铜块熔化成像水一样的铜汁，再将铜汁透过模具间留出的空隙浇注于预先制作好的模具之中。然后，是耐心地等待，等待滚烫的铜汁冷却下来后去除模具，经过打磨、修整细节等多道工序，一件精美的青铜器终于大功告成。显然，这么浩大的工程是无法靠个人来完成的，必须依靠多人合作才能完成。

当然，制作复杂又珍贵的青铜器只能供贵族使用。贵族拿这些青铜器做什么呢？难道跟那些陶盆、陶罐一样，只是盛放东西吗？因为青铜器的贵重，绝大多数被当作祭祀的礼器来使用。在夏朝人的观念中，人与神是没有严格区分的。夏人认为过去的先王都带有一定的神性。相传，夏王启就曾经三次上天，与天帝沟通。先王孔甲也被天神准许驾龙登天。总之，在夏朝人的观念中，人和神是可以直接沟通的。

因此，每到祭祀祖先或者祭祀神灵时，夏朝国王为了展现自己独有的沟通天地的权力，往往需要使用烹煮、盛放献祭牺牲的青铜鼎、青铜鬲（lì）等礼器来向祖先或者神灵传递信息。久而久之，沟通天地的工具——青铜鼎就成了统治者权力的象征。相传，大禹铸造了九个鼎，存放于九州，以显示自己在人间至高无上的权力。

在整个祭祀活动中，也少不了各种其他用途的青铜礼器。如盛放果品、腌肉等食物的簋（guǐ）、盨（xǔ）、盂等碗盘类容器；饮酒使用的爵、角、觚（gū）等酒杯类容器；盛酒使用的盉（hé）、尊、觥等酒壶类容器；演奏祭祀舞蹈和音乐的铙（náo）、钟、镈（bò）等敲击类乐器。每当贵族之间举行婚礼、宴会、会盟等隆重的活动时，同样也会用到这些青铜器。青铜打造的钺、戈、刀等兵器绝对都是划时代的先进武器，成为夏朝国王不断征服周边部落的有力保障。也许你会问，为什么这么先进的技术不用来制造农具，提高粮食产量呢？其实，在这一时期，夏人已经掌握了大量青铜农具的铸造和使用技术。但由于青铜农具通常被掌握在王室贵族手中，而贵族往往将青铜器限定为只能用于王室生活服务和兵器制造，所以青铜农具在当时并没有被广泛应用，少量的青铜农具也只在统治者祭祀神灵时才会被拿出来。

铜爵的秘密

在夏朝诸多精美的青铜器中，有一件青铜器显得尤为特殊。它就是迄今为止，中国发现的最早的青铜容器——二里头文化青铜爵。

夏朝十分兴盛酿酒、饮酒，青铜爵是用来喝酒的。青铜爵与现在所用的酒杯相似，只不过多了一个倒酒的"大嘴巴"和一个尖尖的"小尾巴"，还有一个方便人们拿握的手柄和一个三只脚的底座。它宛若一名轻盈舒展、迎风而立的窈窕淑女，周身散发着俊巧清逸的气息。

青铜爵的形状与它的用途息息相关。青铜爵的"大嘴巴"方便人们饮酒。它尖尖的"小尾巴"主要是用来平衡器物重心，方便往爵内注酒。工匠们为了让青铜爵更好看，夸张地加长了青铜爵的"大嘴巴"和"小尾巴"，以炫耀青铜材质的优越和铸造技术的高超。它的三只"小脚"既可以保证青铜爵的稳定，又可以在底部加热，以保持美酒的温度。

二里头青铜爵除了有着夸张的造型，在它的腰腹正面还装饰着一排五颗精美的乳钉图案，夹在两道凸出的条纹之间，这与原始社会的女性崇拜有关。这种乳钉纹最早出现在祭祀女性先人的祭品上，用于表达对母亲的敬仰和怀念，同时祈求上天保佑子孙满堂、人丁兴旺。

青铜爵不只是一件喝酒的用具，它还象征着高贵的身份和地位。后来，人们依据"爵"制定了一套显示贵族等级的制度。青铜爵也可以作为献给鬼神用的酒器。每当举行重大祭祀活动时，青铜爵便承担起夏王向天帝献酒的重任。

夏的灭亡

夏朝的王位传给了桀。桀长得英俊高大，孔武有力，能空手与野兽搏斗。人们期望新的国王能像一位英雄一样带领他们过上好生活。桀却只知贪图享受。

桀集合了成千上万个奴隶，花费七年时间，为自己修建了一座非常豪华的宫殿。在这个宫殿里，有酒池肉林，珍宝如山，美女成群。他和妃子妹喜在酒池里划船享乐。

桀强迫人民为他去打仗、去掠夺周围的国家，人民苦不堪言。经过几代昏君，夏朝已经国力衰微。有好心人劝桀改过自新，可桀却拒绝了。他说："我像天上的太阳一样伟大。太阳会消失吗？除非太阳没了，我才会灭亡。"后来，他听得不耐烦了，就把那些劝告他的人都杀掉了。从此，再也没有一个人敢对他说"不"字。

夏朝的东边有个叫商的部落，出现了一个非常能干的首领——汤。汤发现人们非常讨厌桀，决定赶走他。汤找了一个好时机，一举打败桀。失败后的桀落荒而逃，跑到一个叫南巢的地方躲了起来，自此，夏朝灭亡。

甲骨文

刻在兽骨上的历史

甲骨文是中国的一种古老文字，因镌刻、书写于龟甲或兽骨上而得名，也叫"殷墟文字"，它是目前我们能见到的最早的成熟汉字。甲骨文的内容大部分是殷商王室占卜的记录，反映了商代占卜之风的兴盛。甲骨文的卜辞涉及商代社会的诸多方面，是研究商代历史的第一手材料。甲骨文的发现把中国有考据可信的历史提早了一千年。

太甲成为明君

商汤灭夏以后，建立了中国历史上的第二个王朝——商朝。商朝的领土比夏朝大很多，好战尚武的商朝东征莱夷，攻打南方九苗，将势力延伸到了东海和长江流域。成汤建国后，大兴土木，修建了一个比夏都更庞大的都城郑亳（bó），把原来摆在夏王宫的九鼎搬到了自己的王宫里。自此，只要是改朝换代，九鼎就要顺着天命转到新王朝的手里。

商汤有三个儿子，分别为太子太丁、外丙、中壬。他临死前，把辅佐年轻帝王的重任托付给右相伊尹。可惜太子太丁先于汤去世了，王位就由太丁的弟弟外丙继位。外丙继位三年就病死了，王位又由外丙的弟弟中壬接任。可惜，中壬继位四年后也去世了。王位便落在了汤的长孙太甲头上。

太甲并不知"才不配位"才是一个人最大的悲哀和危险。他整日饮酒作乐，不理朝政，对伊尹的规劝十分反感。伊尹只好宣布太甲无才、无德、无能、不敬畏祖宗，把太甲抓起来，流放到成汤陵

墓边的桐宫，让他闭门思过，自己代为执政。

太甲在桐宫住了三年，从守墓人那里了解到祖父创业的艰苦，品行的宽厚，再对照自己的行为，太甲感到十分内疚，决心痛改前非。于是，他在桐宫尊老爱幼，遵守法制，与人为善，悔过自新。三年后，伊尹知道太甲已经洗心革面，重新做人，便带领文武大臣，携带王服和冠冕，迎接他回到亳都，还政于他，让他继续为王。

从此，太甲勤政爱民，商朝逐渐繁荣起来。伊尹特地写了一篇《太甲训》的文章来赞扬他是明君，称他为太宗，太甲终于赢得了人们的尊敬。据说伊尹一直活到太甲的儿子沃丁继位时才死去，是名副其实的"五朝元老"。

盘庚迁殷

太甲沃丁之后，上台的商王像群众演员一样，只是在历史上跑了个龙套。商朝王位更换频繁，大大削弱了商王室的国力。再加上黄河下游常常闹水灾，为了摆脱困境，重整山河，商王朝都城先后迁徙了五次，劳民伤财，人民对迁都充满了恐惧和怨恨。

当商朝的第20位国王盘庚继位时，国力越来越弱，为了摆脱困境，盘庚决定再次迁都，迁回原来商王朝的故地殷（今河南安阳）。为什么要回殷呢？因为迁都殷有三个好处：殷地的土地比较肥沃，利于生产；到了殷后，一切都得从头做起，王公贵族们也得听商王的指挥；远离叛乱势力的攻击，都城会比较安全。

虽然迁都好处不少，可百姓不愿意迁都，因为他们受够了折腾；贵族们贪图安逸，也不愿意迁都。部分贵族煽动平民反对迁都，闹得非常厉害。

面对这些阻力，盘庚并没有动摇迁都的决心。他召集臣民，对他们说："以前上天降下大灾难的时候，先王们都会为了臣民的利益而迁徙。现在我也和先王一样，希望你们能安乐地生活，所以才决定迁都。"他还对那些反对迁都的贵族说"如果你们继续反对迁都，无论关系亲疏，谁犯罪我就惩罚谁。国家治理得好，是你们大家的功劳；如果治理不好，由我一个人承担责任。你们只要做好你们分内的事就行了，否则等受到惩罚时，再后悔就来不及了。"

在盘庚的引导下，再也没有人反对迁都了。于是，盘庚命人造了一批大船，护送臣民渡过黄河，将新都迁到殷。从此，商王朝再也没有迁过都，所以后世又把商朝叫作殷商。安置好臣民后，盘庚立即着手规划宗庙、朝堂，努力建设新都。

商朝人的衣食住行

商王十分重视农业。商朝粮食产量增多，需要修建大量的粮仓。粮食的种类也越来越丰富，除了最常见的黍、粟，还有麦、稻、大豆、高粱等农作物。桑和麻的种植让人们的衣料有了更多的选择。由于商朝人爱酒，粮食也有了贵贱之分。黍是酿酒原料，贵族格外重视它，社会上弥漫着"贵黍贱粟"之风。

随着农业的发展，商朝人饲养马、牛、羊、狗、猪等家畜的数量快速增长。黄河流域的人们已经掌握了服牛驾马的技术。作为当时政治和交通的中枢所在，商王邑时有各地的显贵人物，乘坐各式各样的马车出入往来，热闹繁华。

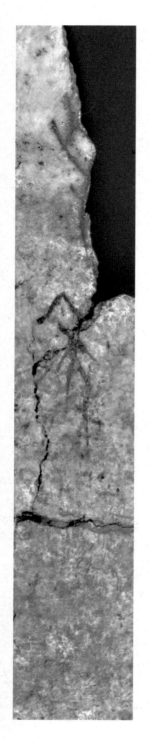

商朝人可以在市场上买到粮食、蔬菜、牲畜产品，可以买到普通的陶器、石器、木器、骨角器，可交换的产品越来越多。商代平民中也有一些自产自销的经营活动，如有些人煮盐、捕鱼，然后出售；有些人编竹筐、打草鞋、制作弓箭，然后出售；还有些人在集市上屠宰、卖酒等。不过，经商的人数仍比较少，经营的规模也不大，各方面都受到奴隶主贵族的排挤和压制。

很多奴隶主把商业当成重要事业，驱使大批奴隶从事贩运、买卖这一行当。长期在各地经商，徒步是最原始的交通方式，奴隶们自然免不了在外面风餐露宿，四处奔走跋涉，奴隶主贵族则坐享其成，从交换中牟取暴利。

商朝的贵族穿金戴银，饮酒吃肉，居所高大宽敞。平民只能住在简陋的小房子里。奴隶们更悲惨，命运完全掌握在贵族手里，活着的时候日复一日地做着难熬的苦力，当贵族死了还要给他们殉葬。

城市规模大了，人口多了，必定带来巨大的用水和排水压力，聪明的商朝人是如何解决这个问题的呢？他们在城里挖了数百口水井，解决了很大一部分人的生活用水。他们还挖了很多条人工水沟。这些水沟布置巧妙，绝大多数是护城河，既可以抵挡外敌，又可以用来饮水、洗漱，还可以充当排水沟，可谓一举多得。商人用陶管作为地下排水管道，这种陶管表面有细小的绳纹，可以防滑。有了排水系统，人们再也不用担心发生"去城市看海"的悲剧了。

商朝人的房子以土木为主，人们已经懂得在支撑房屋的木柱子下面摆放柱础石，以防木头腐化。商朝人把木棍捆扎在一起后夯土，这样可以保证房屋更加结实牢固。商朝人尊神重鬼，建造宫室殿堂通常要举行祭祀仪式，以达到镇宅安居的目的。

甲骨文的预示

国宝小档案

我的名字：甲骨文。

我的特征：甲骨文因镌刻、书写于龟甲或兽骨上而得名，是现存中国最古老的一种成熟文字，出土于河南安阳小屯一带。

我在哪里：中国国家图书馆是中国乃至世界上收藏甲骨最多的单位。但仍有大量甲骨文流失海外。

我能告诉你：甲骨上文字记载的内容极为丰富，涉及商代社会的诸多方面，如政治、军事、文化、社会习俗、天文、历法、医药等各个方面。甲骨上的卜辞成为研究商代历史的第一手材料。甲骨文的发现把中国有考据可信的历史提早了一千年。

商朝的王公贵族们无论大事小事，只要有任何疑难困惑，都会去问鬼神，比如会不会下雨，农作物是不是有好收成，晚上睡觉做的梦预示着什么……当面临打猎、作战、祭祀等大事时，一定会卜问。统治者利用这一点，加强神学观念，让王位更稳固。

商王占卜主要用的是乌龟的腹甲、背甲和牛的肩胛骨。巫师通常先在准备用来占卜的甲骨的背面挖出或钻出一些小坑，甲骨被加热时，表面就会产生裂痕，这种裂痕叫作卜兆。卜官根据卜兆的形状来判断吉凶，事后再将所问之事刻于甲骨上。因为龟甲和兽骨都很硬，所以卜官是用刀将占卜的结果刻上去的。刻在龟甲和牛羊等兽骨上的文字叫甲骨文。有刻辞的甲骨被当作档案堆存在窖穴之中，这些窖穴就是商朝的国家档案馆。

甲骨文记录的时间自商代国王盘庚将国都从奄（今山东曲阜）迁到殷起，到商代最后一个国王帝辛为止。在殷商灭亡、周朝兴起之后，甲骨文还使用了一段时间。不过可惜的是，随着商朝的灭亡，殷都废弃，这些甲骨文也随之深埋于地下三千多年。

清朝光绪初年，安阳小屯村民经常从田中挖出许多看起来很古老的龟甲壳、兽骨，认为它们就是中药龙骨，小屯村的村民由此发现了一条生财之道。

终于，有一个需要龙骨入药的病人慧眼识宝，他就是王懿荣。王懿荣发现中药龙骨上竟然有刀刻的符号，这些符号与青铜器铭文相似，他断定这是一种前所未见的古老文字。他寻根究底，确认这些甲骨上的符号是殷人的刀笔文字，是祖先创造的早期汉字。王懿荣独具慧眼，发现了甲骨文，并成为把甲骨文考订为商代文字的第一人。

能征善战的女英雄

妇好墓偶方彝

彝（yí）是流行于商代后期至西周早期的盛酒器。妇好墓偶方彝就像是用两个相同的彝复制出来的一样，是商代酒器中绝无仅有的罕见器型，不仅体现了商朝高超的青铜铸造技术，也体现了它的主人妇好巾帼不让须眉的气质。

武丁盛世与妇好战功

三千多年前，武丁成为商朝的第23位君主。他为了巩固统治地位，娶了很多诸侯的女儿，也把商朝王室的女儿嫁给侯伯。通过联姻，改善和稳定了商朝和其他地方诸侯之间的关系。

在武丁的励精图治下，商朝逐渐壮大，变得强盛。武丁时期的商朝在政治、经济、军事、文化上都得到前所未有的发展，开创了一个国力强大的盛世，人民生活安乐。

武丁盛世的开创离不开妇好的功劳。妇好是武丁的第一位王后，也是中国历史有记录以来的第一位女政治家和军事家，是中国历史上第一位有据可查的女英雄。妇好曾多次披甲上阵，率领商朝军队赢得很多场战争，全力相助武丁开疆拓土，为商朝立下了汗马功劳，可谓中国第一位铁娘子。

武丁赏罚分明。在妇好立下赫赫功绩后，武丁论功行赏时并没有因为她是女人而忘记她，给她划分了封地，让妇好拥有了属于自己的田地和奴隶民众。

武丁对妇好用情至深。商朝遗址安阳殷墟出土的一万多片甲骨中，妇好两字出现过两百多次，甲骨上的刻字记载的大多是武丁为妇好占卜的细节和结果，涵盖了他们生活的方方面面，可见武丁对妇好点点滴滴的关心和惦念。妇好不幸去世，武丁怀着悲痛的心情为妇好举办了一场隆重的葬礼，精心挑选了她生前喜爱的近两千件珍宝随葬。

妇好尊贵的多元身份

1975年的冬天，河南安阳小屯村的村民发现了妇好墓。妇好墓中有丰富精美的随葬品，向后人展现了一位伟大的女性，以及她跨越千年的爱恋。

妇好墓出土了带有铭文的青铜礼器近二百件，器物上面的铭文多为"妇好""好"。妇好的陪葬品中，有精美的骨刻刀、铜镜、骨笄、玛瑙珠等许多女性专用的装饰品，也有大石蝉、小石壶、石玺、石罐等供人玩赏的小物件，由此可见，妇好也是个充满生活情趣的女子。

妇好是中国历史上有记载的第一位女将军，妇好的陪葬品里有大量兵器，其中的一件大斧居然重达9千克。这是一件重型兵器，足见妇好臂力惊人，身体强壮。除了率军作战，妇好也担任了商王朝的占卜官，负责主持祭祀占卜之类的典礼，是国家的最高祭司。在当时人们的眼里，占卜官是能沟通天地鬼神的人，享有崇高地位。

妇好墓偶方彝
通高 60 厘米
口长 88.2 厘米
口宽 17.5 厘米
重 71 千克

独特的偶方彝

在妇好的众多陪葬品中，偶方彝是最有代表意义的。彝是在商朝后期到西周早期比较流行的用来盛酒的器具。商朝用来祭祀的青铜礼器一般都叫彝。到了宋朝时，人们才开始把这类器物称为方彝。方彝的造型特征通常是长方形，有盖子、直口、直腹、圈足，像一个有盖的长方体大盒子。少数方彝不是方方正正的样子，主体向外凸起。

这件从妇好墓里出土的偶方彝，器身横长是纵长的两倍，有斜肩带提耳，像是两个方彝的组合，所以被称为偶方彝。偶方彝是殷墟青铜礼器中的精品，庄严典重，把盖子合上之后，就好像一座殿堂的屋顶。盖子上有排列规整的7个方槽，充当屋椽，这种造型应该是模仿当时的大型宫殿建筑的样式制作的。

偶方彝的纹饰繁华大方，盖子上装饰着饕餮（tāo tiè）纹，两旁和口沿处有鸟类纹饰，圈足上饰有夔（kuí）纹。偶方彝周身布满了祥云和雷电纹，并用浮雕技法表现了有点抽象的鸱（chī）鹗、夔龙、大象等动物形象。器物底面铭妇好二字，表明这是武丁为自己的王后妇好铸造的。整个偶方彝看起来气势磅礴，威武雄壮，似乎在向人们述说着商王武丁时期的盛况。

后母戊鼎

鼎是中国古代用以烹煮或盛贮肉类的器具，是所有青铜器中最能代表至高无上权力的器物。鼎可分为三足的圆鼎和四足的方鼎两大类，也可分有盖和无盖两种。后母戊鼎因其鼎内铸有"后母戊"三字而得名，是目前世界上已出土的最重的青铜器。

武丁的三个儿子

商王武丁先后立了三位王后，妇好是他的第一位王后，妇好和武丁有一个儿子叫祖己。

祖己非常孝顺，据说他每晚要起床好几次，看父母是否睡得安好。武丁深爱妇好和祖己。祖己是武丁和妇好心中的骄傲，一直被当作王位继承人来培养。但是，自从他的母亲妇好去世后，这一切开始有了变化。

妇好刚去世时，武丁一度思念成疾，日渐消瘦，没有心思处理政事。大臣们觉得这样下去不是办法，想着或许新人的到来能冲散武丁心里的哀伤，于是妇妌成为新王后。但是武丁心里只有妇好。妇妌不久生了一个儿子，取名祖庚，但他们母子并没有真正走进武丁的内心。在武丁心里，妇好的地位没有一丝动摇。他对祖己像从前一样，严厉而不失爱护。妇妌内心常常感到孤独失落，心中郁结，不久便与世长辞。妇妌的离世并没有给武丁带来多大的悲伤，反而让他更加怀念妇好。

后母戊鼎
高 133 厘米
口长 112 厘米
口宽 79.2 厘米
重 832.84 千克

过了很久，武丁才立了第三任王后。这是最后一位王后，她生下一个儿子，取名为祖甲。这时距离妇好故去已经很久，武丁决定在心里告别妇好，迎接新生活，开始宠爱祖甲的母亲。

王室风云

祖甲的母亲想让祖甲当太子，因此在武丁面前说了很多祖己的坏话，武丁渐渐对祖己产生了怀疑。

武丁打算把祖己流放到外地，想借此考验他。毕竟武丁自己也曾在年轻时接受了父王的考验，在与民众的接触磨炼中逐渐走向成熟。但是祖己认为自己遭到了小人的迫害，更让他觉得痛心的是，他认为他一心敬爱的父亲彻底厌弃了自己。这个打击对祖己来说太大了，在忧郁中，祖己身体每况愈下，最终去世。就这样，祖庚接替了太子的地位。

武丁十分宠爱新王后。祖甲非常聪明，也受到父亲武丁的喜爱。武丁本来想废掉祖庚的太子之位，让小儿子祖甲当太子。但祖甲为人特别守礼，认为废兄立弟容易引起政局动荡。祖甲不愿与二哥祖庚争夺王位，便悄悄地离宫出走，隐居民间。在武丁病死后，最终由祖庚继承了王位。

祖庚为了纪念自己的生母妇妌，让人铸造了后母戊鼎。"后"在当时的含义相当于"伟大、了不起、受人尊敬"。戊是妇妌的庙号，也就是妇妌死后的称号。后母戊，意即将此鼎献给敬爱的母亲戊。

也有专家推测这口鼎是祖庚的弟弟祖甲命人制作的。祖庚统治时间很短。他死后，弟弟祖甲继承了哥哥的王位。祖甲在民间生活了十几年，看惯了世间的悲欢离合，胸怀更加宽广，于是继位后为兄长的母亲铸造了后母戊鼎。

鼎的雏形在原始社会就有了，最初是陶制的，用来煮食物。后来人们掌握了青铜冶炼技术，就有了青铜鼎。所以，到了商朝，鼎就多了一项功能，成为祭祀神灵的重要礼器。西周有使用青铜器数量的礼仪规定，即"天子九鼎，诸侯七鼎，卿大夫五鼎，元士三鼎"。当时的鼎不仅是一种用具，而且是王权的象征和国家重器。

秦朝之后，鼎的王权象征意义逐渐淡化。鼎渐渐消失在人们的视野中。

华夏第一鼎

后母戊鼎是长方形造型，鼎口的两侧还有两个鼎耳。鼎壁非常厚，内壁有后母戊三字，下部连了四个中空的鼎足。

后母戊鼎是按照陶范铸造法浇铸成的，也就是先用土陶拼成模型，再把高温的金属溶液浇灌进去后冷却成型，制作工艺十分复杂。从它身上的铸造痕迹来看，鼎的主体和四足都是整体铸造。鼎身使用了八块陶范，四个鼎足分别使用了三块陶范，器底及器内各使用了四块陶范。鼎身铸好后，再装范浇铸鼎耳，后母戊鼎就铸造成功了。

后母戊鼎鼎身四周饰有盘龙纹和饕餮纹。把饕餮纹铸在青铜器上，代表着一种美好祝愿。饕餮是上古传说中的凶兽。它其实是人们想象出来的神秘怪兽，最大的特点是能吃。这种怪兽没有身体，只有一个大头和一个大嘴，因为它能吃且贪吃，最后把自己的身体都吃掉了。传说，黄帝大战蚩尤时，蚩尤被斩，他的头落地后化为饕餮。现在我们会把一些美食家或者特别贪婪的人称作老饕。

大多数鼎上的饕餮只有一双大眼睛和鼻梁，没有下颚，有时会多一对有力的角，有时会多一对三角形的耳朵。后母戊鼎的鼎耳上装饰的是虎咬人头纹。在商代，虎是人们非常崇拜的一种动物，传说商朝人祖先死后的魂魄会化为白虎，因此，商朝人把虎视为守护神。

有学者推算，铸造后母戊鼎，需要用至少一吨金属原料。铸造时需要二三百个工匠一起操作，工艺难度极高。这些工匠必须拥有熟练的技巧，默契的配合，才能顺利完成这个大工程。目前，后母戊鼎是世界上最大、最重的古代青铜器。

守护国宝

后母戊鼎于1939年在河南省安阳县武官村北的西北冈被人挖出来。西北冈在商朝晚期有独特的地位，是当时商王的

墓葬群。

后母戊鼎出土的时间正好是抗日战争时期。这只体形硕大的青铜鼎一看就是国之重器。发现大鼎的消息被穷凶极恶的侵华日军得知，后母戊鼎危在旦夕。为了守护大鼎，不让日本人夺走，第一个发现它的村民吴培文赶紧将大鼎秘密托付给自家兄弟，重新埋藏在土里。之后他离开家乡，四处漂泊，抗战胜利后才回到故乡。

最初，大鼎被历史学家郭沫若先生命名为司母戊鼎。他认为司在商代就是祀，是祭祀的意思。司母戊鼎就是祭祀母亲戊所铸的鼎。于是，这一命名被用了40多年。后来学术界认为"后母戊"的命名比"司母戊"更恰当。2011年3月底，该鼎在中国国家博物馆新馆开馆亮相时，被更名为后母戊鼎。

玉凤

玉凤是个装饰品，它的形状和新石器时代晚期石家河文化遗址出土的玉凤比较相似，但是这件玉凤打磨得更加光滑，造型更加简洁流畅，优美大方，具有动感，能让人产生凤飞于天的想象，也延续了先人对凤凰的崇拜。玉凤是迄今为止发现最早的凤鸟造型，也是妇好墓装饰品中最精美的一件。

神奇的凤凰

也许每个人都有飞翔的梦想，当祖先们抬头遥望在天空中自由滑翔的小鸟时，他们也梦想着自己能起飞。在种种幻想中，祖先们按照自己的理解和想象创造出了一种神奇的鸟——凤凰。

凤凰的头像锦鸡的头，有着鹦鹉一样的弯曲又尖利的鸟喙，头顶有像如意纹一样的鸟冠，脖子像孔雀的脖子那样细长优雅，有一对巨大的翅膀，有长腿和尾羽，身上的羽毛是彩色的，散发着绮丽的光芒，看上去凛然不可侵犯。

传说凤凰是一种非常高贵的鸟类，带有神的血统，可以沟通天地，被看作是鸟类之王。只要凤凰出现，天地间所有的鸟类都会不由自主地飞向它，并在它面前俯首，这就是百鸟朝凤的传说。

凤凰品性高洁，只肯栖息在高大挺拔的梧桐树上，只吃挺拔坚韧的竹子的果实。当西方神话和佛教传入中国后，人们还把凤凰和不死鸟联系到一起，说凤凰每过五百年就要经历死亡，

玉凤
长 13.8 厘米
宽 3.2 厘米
厚 0.8 厘米

然后在熊熊烈火中重获新生。传说，凡人饮下凤凰的眼泪可以
起死回生。

先民与凤凰的传说

在中华文化里，人们非常崇拜凤凰，凤凰往往被看作吉祥、
幸福的象征。在古代，凤凰花纹样式是皇后的专用图案。

但是中国人并不是一开始就崇拜凤凰的。

最开始崇拜凤凰的是远古时期的东夷部落。据说东夷的祖先
是少昊，他姓风，风在当时也就是凤。他用凤鸟给百官和他的族
人命名，凤凰是东夷部落的图腾标志。

传说，舜被自己的父亲和弟弟设计陷害，在仓库里差点被
烧死时，幸好他穿着娥皇女英为他制作的凤羽衣，才化身为凤
凰，脱离了火海。

夏商周时期，东夷部落、炎黄部落和其他各部落融合形成
了华夏族。殷商是东夷部落的后人，信仰凤凰图腾。很多古书里
记载着殷商的起源和凤凰有关的神话故事。"天命玄鸟，降而生
商"，玄鸟就是凤凰。

传说帝喾为首领时，他的妃子简狄，独自来到一个山谷里洗
澡，看见天空中突然出现了一只凤凰。这只凤凰缓缓降落在山谷
附近，停留了一会儿，只见五彩光芒闪耀，不久，凤凰飞走了。
简狄对这番奇遇十分惊喜，急忙跑到凤凰停留的地方，发现凤凰
居然留下一枚蛋。说来奇怪，简狄拿起这枚凤凰蛋之后觉得异常
饥饿，于是迫不及待地把蛋吞进肚子里。

国宝小档案

我的名字：玉凤。

我的特征：玉凤是妇好的生活用品，1976 年出土于河南省安阳殷墟妇好墓。

我在哪里：中国国家博物馆。

我能告诉你：玉凤高冠勾喙，短翅长尾，作挺立回首欲飞状，舒展的长尾自然弯曲，尾翎合合有分，素洁无纹。身前有透穿镂孔。背部有外凸的穿孔圆纽，应是供穿绳悬挂之用。在商朝，凤凰的形象基本形成，凤纹成为青铜器上的重要纹饰。妇好墓出土的玉凤体现了商朝人审美的进步和玉器制作技术的提升。

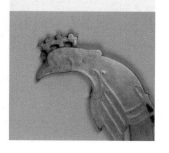

没过多久，简狄的肚子变大，不久生下了一个叫契的男孩。契是殷商部落的祖先。所以，凤凰被认为是商人的祖先，商朝的器物中有很多凤凰纹饰。

远古的凤凰图案

湖南高庙文化遗址出土了一件七千年前的白色陶罐，陶罐上的鸟纹因头上有冠、长嘴、长颈、尾巴伸展而被看作是凤凰纹。浙江余姚河姆渡地区出土的双凤朝阳纹牙雕上的左右两只凤凰，仰首相对，好像正在托举着太阳飞翔。它们的线条简单质朴，被认为开启了凤凰图案的先河。之后，在彩陶、象牙雕和玉器上经常看到这类凤鸟纹饰。

商朝的凤凰纹饰呈现出庄严、神秘的特点，凤纹成为象征权力和地位的青铜器上的重要纹饰。商朝的凤凰纹主要以夔凤的形象出现。夔凤大多是侧面形象，头顶有冠，长着鹰嘴，一只眼睛瞪得大大的，仰着头凝视着前方，爪子健壮有力，长长的尾羽向上卷曲，整体造型夸张，显得矫健凶悍。

商朝也有单独的凤凰形状的装饰品。妇好墓出土了一件商代玉凤，制作于 3300 多年前。因为长时间被埋在土里，它呈现出黄褐色，玉饰上虽然有一些红色的土锈，但依然晶莹洁净。玉凤呈现侧身回头的造型，头顶有三个花冠，翅膀在身旁微微展开，长长的尾巴自然弯曲。整件玉凤只有翅膀上雕刻有少量阳纹，立体感很强，造型优美传神，足见商朝人的审美和玉器制作技术都有了明显的提升。

作册般铜鼋

作册般铜鼋（yuán）是一件珍奇的晚商仿生类青铜器，它是为了纪念和赞扬商王的神伟和精湛的射艺而制造的，为研究商周时期的射礼提供了重要依据。商代前期，少数青铜器上开始铸造铭文，字数较少。商代晚期，铸铭青铜器明显增多。商代末年，出现铸有几十字的长篇铭文青铜器。短短几十字的铭文既道出了铜鼋的来历，又体现了三千多年前一个王对大臣的重视。

崇尚射礼的商代

乌龟的神化之路

古人认为乌龟特别有灵气。民间谚语有"乌龟背冒汗，出门带雨伞"，古人觉得龟能预测天气，是很神奇的事情，以为乌龟具有超能力，所以把龟与龙、凤、麟合称四灵。四灵之中，只有龟是真实存在的生物。由此可见，龟在古人的观念中是多么神圣和伟大。

中国人自古以来喜欢龟，把龟视为吉祥动物，主要是因为龟的寿命长。虽然"千年王八万年龟"的说法有些夸张，但大型陆龟可以活到百岁以上是事实，而人类的平均寿命到工业革命以后才突破40岁，乌龟的寿命足以让人类羡慕，所以，在很多神话故事里都有龟的身影。如《西游记》中，最后一难的主角就是乌龟家族的成员。

从古至今，经常有人傻傻分不清乌龟家族中的不同成员。简单说，龟，上下都有壳，上面的壳带着比较漂亮的花纹，很多龟

作册般铜鼋
高 10 厘米
长 21.4 厘米
宽 16 厘米
重 1.6056 千克

因此成为常见的观赏品种。鳖，只有上面有壳。鼋，是鳖的一个特殊品种，背甲要更绿一些，吻部也短一些，背上的壳是软的，接近圆形，四肢粗短。鼋的头颈后部常有疣状突起，民间称它为"癞头鼋"。鼋最大的特点是体形巨大，在龟鳖类家族中是个体重超过一百千克的重量级选手。现在，鼋在我国的生存变得岌岌可危，被列为国家一级保护动物。鼋性情凶猛，可以伤人，而且它的力气很大，能驮数百千克重的物体而依旧行动自如。鼋有如此神力，在尚武的古代，如果有人能捕获它或射中它，肯定会被大家当作英雄、勇士。

被遗忘的射礼

中国古代重武习射，射箭最初的作用是打猎和战争。最初的射手是猎人，他们用弓箭捕杀动物来维持生存或改善生活。商周

时期，贵族子弟要学习射箭的传统，这种射箭课程带有明显的军事训练目的，可以说是商周贵族子弟的必修学分，不仅年轻贵族需要训练学习，就连商王、周王也不能轻视怠慢。后来，射成为周朝学生要掌握的六种基本才能之一。以前，中国人讽刺书生时总喜欢说"百无一用是书生"，其实是对书生的误解。学"六艺"的书生并不文弱，他们不但要学习多种射箭之术，还要学会驾驭马车。

中国古代有四种不同的射礼，射礼的程序非常复杂。孔子还以当时射箭比赛的情形，说明君子立身处世的风度。他说，当射箭比赛开始的时候，要对立行礼，表示对不起——礼让，然后开始比赛。比赛完了，不论谁输谁赢，彼此对饮一杯酒，赢了的人说："承让！"输了的人说："领教！"孔子通过射箭讲明比赛的人不论输赢，都要有礼貌，即使有争，也要争得合理，就是再争，也要始终保持君子风度。因此，射不但是杀敌卫国的技能，而且是一种修身养性的体育活动。

商王射兕

但是，射箭之风日盛，也使很多动物祸从天降，命丧箭下。

丙申这一天，商王来到洹水，遇到一只大兕，勇武的商王张弓怒射，箭无虚发，大兕连中四箭而死。商王顿时龙颜大悦，命令馗（kuí）把自己捕获的兕赏赐给作册般。馗是服务于王宫的官员，是王的近臣。作册也叫作策，是商周时代的史官名，地位很高，而奉命前来转交赏赐物的馗告诉作册般，请他将此物作为传家宝。

商王有令，作册般不敢怠慢。他大概觉得其他造型的纪念品都无法体现商王的箭法精妙、臂力过人，于是独出心裁，用写实手法制作了这件铜鼋，如实记录了商王射在鼋身上的四支箭。这四支箭乍看像是箭头，细看实是箭尾。他还在铜鼋身上刻了33个字，记下了商王的这段神奇经历和丰功伟绩，并特别强调一支箭也没浪费。对比商朝早期的青铜器铭文，字数一般只有几个，商朝晚期的作册则因给王歌功颂德而写下一篇几十字的铭文。

子公染指于鼎

这只可怜的鼋虽然突遭横祸，尸骨无存，却有人为其铸造铜像，湮没千载之后，终重见天日。春秋时期的一只鳖更了不得，它虽然不幸被烹煮成羹汤，但是却因为给谁吃、不给谁吃而引发了一个国家的内乱。春秋时期，楚国有人向郑灵公进献了肥美的鳖，郑灵公十分高兴，立即让厨师烹食。这时，大夫子公用食指指着鼎里的鳖悄悄对大夫子家说："以后我要是寻到这样的南国美味，一定好好品尝！"

郑灵公请大家品尝鳖，故意不叫十分想尝鲜的子公品尝。子公窘得脸红一阵，白一阵。他看着郑灵公，郑灵公吃得很香，时不时和大夫们说笑，似乎根本没有注意到他。他又看看子家，见子家也吃得起劲。子公是手握大权的重臣，这使他很难堪。他一气之下也不顾君臣之礼，忽地站起来，走到大鼎面前，拿手指戳了戳鳖，尝了尝味道，然后，大摇大摆地走了出去，这就是"染指"的由来。郑灵公见子公如此无礼，觉得自己的尊严被冒犯了，要杀他。后来，子公先下手为强，找机会把郑灵公杀了，报了未赐鳖羹之仇，结果却造成郑国内乱。

极致的青铜典范

四羊方尊

四羊方尊是商朝晚期的青铜礼器，也是一件祭祀用品。尊是盛行于商代至春秋时期的一种大中型盛酒器，春秋后期已经少见。尊的造型有方尊，也有各种牺尊。四羊方尊是目前为止商代青铜方尊中最大的一件，是用两次分铸技术铸造的，显示了高超的铸造水平，被史学界称为"臻于极致的青铜典范"，位列十大传世国宝。

神羊盗五谷

传说上古时代，人间没有五谷，人类只能以野果生疏为食，个个面黄肌瘦，营养不良，人类的寿命也很短。

有一年，一只神羊来到人间，发现老百姓只吃野果、野菜，瘦得皮包骨头，这让它十分同情。好心的神羊得知人间没有五谷杂粮后，就回到天界，从玉皇大帝的五谷田里偷了五谷的种子，送到人间，又教会人们播种五谷。从此，人们吃上了五谷杂粮，日子也好过起来。玉皇大帝知道后，非常恼怒，命令天神把神羊拉到人间宰杀，让人们吃羊肉。第二年，在宰神羊的地方长满了青草，又生出一只小羊羔。羊从此在人间陪着人类，自己吃草，却把羊奶、羊肉和皮毛奉献给人类。神羊虽然死了，但人类没有忘记神羊的恩德，每年都举行腊祭，羊也被列入十二生肖之一。这就是羊因盗五谷种子给人间而舍生取义的神话故事。

古人认为羊不仅能为人类提供日常生活所需，还能保护自己的部族。人们从羊身上获得了与大自然做斗争的力量，于是渐渐

将羊放在特殊的位置上，采用专门的仪式表达对羊的崇拜，期望能得到它的庇护，由此产生了羊崇拜。

事实上，羊虽然是人类最早狩猎并驯养的家畜之一，但是羊并不是中国的本土物种。大概四千多年前，羊才进入中国。因为中国气候普遍适宜饲养羊，于是羊就与中国人结下了不解之缘，成为中国人特别喜欢的动物。

温顺有礼的羊

在长期与羊相处的过程中，人们发现羊吃的是草，而产出的却是奶、肉、毛、皮，只奉献不索取。羊不仅身体丰满、体毛绵密、长相可爱憨萌，而且性情温顺合群。羊喜欢群居，不搞派别，一心一意地跟着头羊去寻找草地、寻找水源、抵御敌人。羊的性情温顺，身上自带无害光环。在那个危机四伏的年代，羊受到人们的格外喜爱。

随着儒家文化的兴盛，在人类眼中，羊又成了善良、亲和、有礼、讲德行的动物。为什么呢？当然是因为那双永远也洗不干净的膝盖了！作为食草动物，羊必须腿长一点、跑快一点，才能更好地逃避敌害。但正是因为腿长，小羊羔吃奶时必须跪下才能吃到。羊跪着吃奶本来是天性和本能，但这样感人的画面，很容易触及人们内心最柔软的地方，并为之动容。在讲究百善孝为先的时代，古人认为羊羔跪乳是因为小羊羔懂得母亲的艰辛与不易，是为了报答父母的养育之恩。羊，被儒家文化提升为感恩、孝敬父母的典范。

四羊方尊
每边边长 52.4 厘米
高 58.3 厘米
重 34.5 千克

公正的神羊獬豸

羊固然温顺平和，然而古人也发现，当温顺的羊被惹急了，会用有力的犄角进行抵抗。传说尧时期，有一位法务大臣皋陶，他有一只能明辨是非曲直的独角神羊。神羊叫獬豸（xiè zhì），全身长着浓密黝黑的毛，怒目圆睁，能识善恶忠奸。每当判案决定罪在哪一方时，皋陶都让独角羊去识别。獬豸发现奸邪的官员，就会用角把他触倒，不但顶得狠，而且顶得准，然后把奸臣贪官吃进肚子里。獬豸是勇猛、公正的象征。后世的法官们为了使自己具有羊的神力，都带羊角来判案。

古代，有些官员会戴一种扁桶形、中间插着一根棍子的帽子，这种帽子就是獬豸冠，也叫法冠。戴着这种帽子的官员负责监察司法。他们在问案决狱时，不但要戴着獬豸冠，还要穿绣有獬豸图案的官服。在古代的公堂上，异兽神羊真是威风凛凛。直到今天，我国一些法院门口的护门神兽也是獬豸。正因为羊具有如此秉性，所以在上古时期，羊就被人们奉为秉公执法的象征。独角神羊獬豸又寄托着古人司法公正、光明天下的理想。

国之大事，在祀与戎

在汉字体系中，羊经常与一些表示吉祥、善良的字发生联系，比如善、祥、美等字。古人根据羊的形象创造了美字，甲骨文中的美字，就是头顶大角的羊。羊长得壮，繁殖得多，被视为吉祥动物，有了吉羊之说。古代很多青铜器上的铭文甚至直接把吉祥写成吉羊。所以在中国古代文物中，有很多用羊的形象制作的艺术品。盘点中国最知名的羊文物，无论怎么选，四羊方尊都会名列前茅。

尊是一种盛酒的礼器，也是三千年前古人祭祀用的神器。尊，按照形状可分为圆形尊和方形尊。"一方顶十圆"，方形尊的制作工艺比圆形尊复杂得多。随着工匠铸造水平的不断提高，出现了很多迎合贵族喜好的稀奇古怪的动物造型尊，如鸟尊、象尊、驹尊、牛尊、羊尊等。商朝人为什么以羊作为器身形状呢？这是因为商朝人在祭祀时要向受祭的神灵奉献牺牲品，无论是最高级别的大牢，还是低一个等级的少牢，都要用羊。正是因为羊在祭祀中的地位仅次于牛，所以人们在祭祀礼器的设计上才会用尽心思来表达对羊的喜爱。人们把自己认为最珍贵的东西拿出来祭祀，以此向上天表达诚意，希望获得神灵的眷顾和庇佑，期盼五谷丰登、六畜兴旺。

国宝无言，青铜有范

1938年4月，湖南省宁乡县的几个农民在山上干农活时发现了一件半米多高，带有四只羊头的大青铜器。生动的羊头造型、高超的青铜工艺，任谁都知道这肯定是件价值连城的文物。四羊方尊出土后的身世充满坎坷，被多次倒卖。此后，日寇多次进攻长沙，炮火连天，不知何时，四羊方尊从人们的视线中消失了，从此杳无音信。

直到1952年，周恩来总理派人到长沙追查四羊方尊的下落，才在银行的仓库中找到这件宝贝。令人心痛的是，四羊方尊已经碎成了二十多片。国家遍寻文物修复专家来重新拼接，用了几年时间才把四羊方尊恢复原貌，并将它收藏于中国国家博物馆。

动物造型的青铜器虽多，但四羊方尊之美、之独特还是让人在看到它的第一眼就会被深深吸引。四羊方尊的器身是方形的，有弧形长颈，口沿像喇叭花一样张开。四只卷角羊背靠背，分列

在尊的四周，好像共同驮着一件盛酒的器皿。四只羊彼此呼应，方尊的颈部布满了芭蕉叶纹饰，给人的感觉像是丰收了，酿酒了。四只羊欢天喜地地驮着它，看起来顾盼生辉，活泼灵动。

制作方尊的难度太大，所以方形尊很少见，也很珍贵。一般方尊的尊口不会太大，太大的话看起来就会有头重脚轻的感觉。四羊方尊的尊口却很大，接近器身高度。为了避免头重脚轻，智慧的工匠们在方尊的下面找平衡，将四只卷角羊的脚设计成马蹄形，而不是分叉的偶蹄，在似与不似之间实现了巧妙的平衡。密不透风的马蹄绕尊围了一圈，四羊方尊才会这么稳重。

在四羊方尊四面的正中，也就是两羊比邻处，还各有一只探出来的双角龙头。龙，自古以来被人们奉为神圣，它可以行云布雨，在天地之间遨游。四羊方尊的设计者既希望人们像羊一样善良、知礼，又希望人们像龙那样有翱翔于天地之间的勇气和雄心壮志。

四羊方尊由八个羊角、四个龙头、一个器身组成。当时的工匠们是如何铸造的？原来，四羊方尊是用两次分铸技术铸造的。工匠们先用黄泥做出羊角和龙头的造型，称为内范，也就是人们俗称的模子；然后再用黄泥做成泥块，拼接在造型的外侧，称为外范。青铜器上那些美丽的花纹雕刻在外范的内侧。内范和外范合在一起后，从事先留好的浇铸口灌入铜液，待冷却干燥后再打破外范和内范。经过打磨修整，一件精美的四羊方尊就制作好了。

因为一个模子只能铸造一件器物，所以成语中才有"一模一样"这个词；也因为内范和外范的严丝合缝，所以我们把那些值得学习的榜样称为"模范"。

18

神秘国度的久远传奇

三星堆青铜纵目面具

古蜀国三星堆青铜纵目面具是祭祀时使用的一种礼器，因其夸张的眼睛与耳朵，被称为"千里眼、顺风耳"。它在1986年出土于四川广汉地区古蜀国都城遗址，向世人证实三千多年前的蜀地存在着一个不同于中原夏商王朝的奇异国家——古蜀国，他们有着与同时期黄河流域文明不一样的社会生活，喜欢用昂贵的青铜来打造高大而神秘的人像、面具、神树，并把这些青铜器作为沟通天地的礼器。

奇异的国度

在四川广汉市一个叫月亮湾的小村庄里，耸立着三个黄土堆，传说是玉皇大帝从天上撒下的三把土，犹如分布在一条直线上的三颗金星，所以当地人把它叫作三星堆。在这个充满传奇色彩的地方，古蜀人创造了一段奇异而短暂的青铜文明。

传说，距今三千多年前，古蜀国出现了第一位国王——蚕丛。据说他是养蚕专家，他的眼睛像螃蟹的眼睛一样向外突起。蚕丛之前的古蜀人以游牧为主要生活方式。后来，蚕丛带领人民在四川岷江一带种桑养蚕，发展农耕。古蜀国从原始的游牧时代进入到农耕时代。

夏商之际，第三代蜀王鱼凫带领古蜀人经过成都平原北端，进入广汉地区。他们在成都平原兴建了规模宏大的早期城市，并在城市周边耕田种地，定居生活。拥有丰沛水源和肥沃土壤的古蜀人经营着发达的种植业，发展着畜牧业，从事着工商业。

青铜戴冠纵目面具

高 85.4 厘米
宽 78 厘米

经过长时间的发展，城里的工匠越来越多，不少能工巧匠拥有精湛的技术。他们利用特别的工具和器物制造出众多精美的玉器和青铜器。古蜀国繁盛时期的社会生活与同时期黄河流域文明大不相同，古蜀人习惯穿着细苎麻布衣或丝衣，有的衣服上还绣有龙纹、云纹、人面纹、回字纹等图案，衣服袖口窄小，背面比正面长，像长着尾巴一样，看起来非常像西方的燕尾服。他们习惯梳高高的锥形发髻，贵族会戴更高级的莲花高冠。他们在三足陶盉里烹煮肉食，喜欢用陶瓶装酒……

商朝，古蜀国是一个势力强大的部落国家，与商王朝保持着密切的联系。周朝，古蜀国作为商周边的部落国家，随周武王参加了灭商战争。春秋初期，古蜀国的王位由鱼凫传给望帝杜宇。传说，杜宇从天而降，所以被人们尊称为望帝。望帝经常教导他的国民如何种植庄稼，叮嘱国民要遵循农时，搞好生产，得到了广大百姓的拥护。那时，古蜀国经常闹水灾，望帝想尽方法治水，却始终没能根除水患。有一年，忽然从河里逆流漂来一个人。大家都以为他死了，但他刚被打捞上岸就能开口讲话，说自己是楚国人，名叫鳖灵，因失足落水，从家乡一直漂到这里。望帝得知这个消息后，派人把他叫来。两人一见如故，谈得十分投机，望帝觉得鳖灵是难得的人才，决定重用他。不久，洪水暴发，百姓深受其害，古蜀国人口锐减过半。鳖灵识水性，有治水经验，受望帝的委任，带领大家历尽千辛万苦，终于把洪水治理好了，人民又可以安居乐业了。杜宇十分感激鳖灵，自愿把王位禅让给他。于是鳖灵就成了新的古蜀王，号称开明帝，又叫丛帝。

公元前316年，秦国吞并巴蜀，繁荣的古蜀国消失了。从蚕丛、鱼凫，再到望帝、鳖灵，史书与神话勾勒出一个富有浪漫与神秘色彩的古蜀国。古蜀国尤其引人注目的就是众多造型夸张、想象奇特的青铜器。

神秘的古蜀国青铜器

青铜冶铸技术的出现，标志着这个时期的古蜀国已经进入文明时代。商周时期的古蜀国拥有的青铜铸造技术、金箔打造技术，已经可以与中原地区青铜器制作水平相媲美了。除了为人熟知的青铜人像外，古蜀人还打造了很多生动有趣的人面像、神树、鸟、鱼等青铜器。这些青铜器到底有什么用呢？

在古蜀国，宗教的地位至高无上，国家把大量的金钱用于宗教事宜，每次祭祀都声势浩大、花费惊人。制作工艺复杂的昂贵青铜器，被当作祭祀礼器，用来协助巫师沟通神与人、天与地。在目前已发现的古蜀国文物中，有世界上形体最大的一棵青铜神树，据说是古蜀人心中的登天之梯，能沟通人的世界与祖先、神灵的世界。那些青铜造型的动物被古蜀人看作是助人沟通天地的神灵的载体。

三星堆青铜纵目面具

曾娅 摄
高 66cm
宽 138cm

　　古蜀国与中原地区的商周王朝都有祭祀祖先和神灵的行为。商周王朝的祭祀礼器多是日常生活用品，如煮东西的鼎、饮酒用的爵、奏乐的乐器等，风格稳重庄严。古蜀国的祭祀礼器则倾向于高大而独特的雕像、面具和专用器物，如通天神树和高大的青铜立人像。这些器物的每一个细节都代表了人与天神的结合、对祖先和神灵的崇拜。被誉为"铜像之王"的青铜立人像影响深远，它头戴饰有兽面纹和回字纹的莲花状高冠，身穿酷似燕尾服的龙纹袍，佩戴着显示权威的方格纹带饰等。

　　古蜀国的人像面具具有神秘色彩。借助当时发达的青铜铸造技术，每个人像面具就像私人订制一样，各不相同。有的是纵目面具，有的是戴冠纵目面具，有的是特大型面具，都极具神秘感。这些人像面具面容清瘦，表情凝重，耳朵上有穿孔。

被称为"金面使者"的戴金面罩青铜人头像的大小形状与实际人头大小相当，是古蜀人将金块锤成薄薄的金皮，然后依照人体头部结构，上齐额头，眼眉镂空，下包两边面颊，左右两侧罩耳，耳垂穿孔而制成的。金面罩制成后再贴在青铜头像上，头像金光熠熠，气度非凡。它到底是象征特殊身份或地位，还是代表不同的肤色？这类戴金面罩青铜人头像在商周时期的中国其他地区和其他文化中都没有发现，它是古蜀国青铜文明特有的现象吗？在古埃及与古巴比伦，金面罩属于拥有特殊身份的法老，那么古蜀国的金面罩是不是也是留给那些特殊身份的贵族呢？这个谜团有待后人解开。

在古蜀国众多的奇特青铜器中，造型最奇特、最怪诞、最威风的，就是青铜纵目面具。它双耳阔大，耳部斜向外部伸展；大嘴阔至耳根，口角深长上扬，微露舌尖，做神秘微笑状；鼻梁高挺，鼻翼呈牛鼻状向上内卷；眉尖上挑，额部正中有一方孔，可能是用来安装精美的额饰。它圆柱形的双眼球极度夸张地突出眼眶十多厘米。因为他的耳朵特别大，眼睛特别凸出，所以被称为"千里眼、顺风耳"。

这种造型的青铜器的灵感来源于古蜀国的第一位蜀王，他因眼球凸出而被称为纵目蚕丛。其实，无论是千里眼，还是顺风耳，都体现了古蜀人对沟通天地的渴望，希望自己的眼睛再看得远一点，看清天上的神灵在干什么；希望自己的耳朵再灵一些，听清楚神灵对人们的告诫。在祭祀中，谁动用了这件礼器，谁就获得了法力，实现人神合一，成为真正的权力拥有者。

中国中原地区的青铜器多为礼器和兵器，形象稳重庄严，很少有雕像和面具。当你凝视那些高鼻梁、大嘴巴的青铜人头像时，是不是会怀疑他们也许不是中国人？也许是从遥远的异域，一路跋涉而来的外来文明呢？三星堆造型神秘诡谲的青铜重器，将古

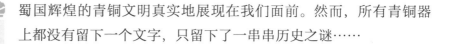

蜀国辉煌的青铜文明真实地展现在我们面前。然而，所有青铜器上都没有留下一个文字，只留下了一串串历史之谜……

未解的消失之谜

或许是古蜀人故意与后人捉迷藏，突然之间，所有的器物，包括青铜面具、青铜立人像、神树、象牙、玉器、大量饲养的动物等，都被按照某种规律堆放起来，并且刻意砸碎、放火焚烧、然后再用土掩埋起来。这到底是为什么呢？是敌人的残酷报复？是一场盛世空前的祭祀仪式？还是一场古蜀国内部的权力斗争？总之，繁华的都城一夜之间变为废墟，是谁狠心地摧毁了它？

三星堆古城被遗弃三百多年后，历史进入战国时期，秦惠文王出兵攻打一个富庶的国家，短短一个月，该国大败，国君也在逃亡中被秦军杀害。据说，这个富庶的国家就是古蜀国。从此，古蜀国历史又出现了二千多年的神秘空白。古蜀国文明真实地存在过，后来，它又去哪儿了？在这片神秘的土地上究竟发生了什么？人们从未停止过寻找答案的脚步……

1929年，三星堆文明遗址被发现。经过考古工作者的多次发掘，四千多件精品文物横空出世，世界被震惊了。神秘的国度创造了现实的传奇，现实的文物印证了神奇的传说。人们最终认定，三星堆古遗址就是古蜀国的都城。三星堆文明遗址的发现，让沉睡几千年的古蜀国文明展现在世人面前，极大地扩展了中国青铜文明的格局，向人们证明了古蜀国所处的长江流域与中原黄河流域一样，同属中华文明的母体，是长江文明之源。

19

虎卣

遥远方国的虎文化

虎卣（yǒu）是商朝晚期的青铜器，一共出土了两件。卣，是一种酒器，盛行于商代及西周时期。商朝的卣多为椭圆形，西周的卣多为圆形。虎卣是中国青铜器中的精品，造型取虎人相对拥抱的姿态，立意奇特。虎卣出身比较神秘，可能与当时一个叫虎方的方国有关。

遥远方国

虎卣出现于商朝晚期，与其他不同造型的卣一样，是古代祭祀时专门用于装酒的礼器。

虎卣出土于湖南省安化、宁乡两县交界处。把虎卣作为神器使用的区域在今湖南、江西一带，当时的这些区域同时也流行着以虎为装饰的青铜大铙、镈以及大型青铜容器、兵器等，它们共同构成了一个独特的虎崇拜文化区。

商朝时期，并不是只有位于中原地区的商朝，还分布着其他部落方国。方国或方国部落，指的是中国夏商时期的诸侯部落与国家。在商朝都城殷墟出土的甲骨卜辞中提到，与商朝经常处于敌对状态的方国有羌方、土方、尸方、虎方等。

甲骨文记载，商朝时期，在长江中下游地区有一个崇拜老虎的边远方国，称为虎方。它雄踞鄱阳湖以西、洞庭湖以东（今江西、湖南），建立了国家政权。这个虎方国颇具规模，国家周边建

虎卣

高 35.7 厘米

口缘直径 10.4×9.0 厘米

重 5.09 千克

有防御土城，甚至创造了自己的文字，相当强大。虎方以老虎为图腾，虎方人既希望老虎能带来平安昌盛，又希望子民们都能像老虎一样威猛，保卫自己的领土不受侵犯。虎方一直都是让商朝头痛的对手，一块卜骨上明确记载了商王朝武丁时期，一个叫望乘的武将讨伐虎方的事情。

战争会带来伤痛，但也会促进文化的交流。虎方在战争中学习了中原王朝先进的青铜铸造工艺，并与自己的虎文化融合，最终制造出高水平的青铜器。有学者推测是虎方制作了虎卣。

人与虎的狂欢

虎卣的整体造型为蹲坐样，以老虎的两后足和虎尾为三个支点，来平衡直腰曲背的虎体。虎卣造型复杂，有饰夔龙纹的提梁，提梁两端饰虎首；盖纽是一只憨萌的小立鹿；虎背有扉棱。老虎双眼圆睁，巨口獠牙，威风凛凛。虎的前足与一个怪人相拥，怪人的手指头和脚趾头都只有四个。怪人的脚踩在虎爪上，双手紧攀虎身，腿部有蛇纹，衣肩处有菱形方格纹。但怪人的神情并不慌张，蕴藏着神秘的色彩。

虎卣通体遍饰各种组合纹样，有龙纹、兽面纹、云雷纹、夔龙纹、鳞纹、虎纹、牛首纹等，运用了浮雕、圆雕、镂空、线刻等多种装饰手法。整个器物的装饰构思精巧自然，体现了繁密精致的豪华风格。

如果把虎卣上的纹饰全部展开平铺，就会看到一幅具有丰富内涵的画卷，仿佛在无声地诉说着那些恢宏的故事。在这幅画里，有一个崇拜虎的部落正在举行一场盛大的祭祀，祭坛摆放着

的祭品是一头鹿。

身穿蛇纹宽袍的大巫和他的追随者缓缓走上祭坛，祭祀开始了。大巫向神明行跪拜之礼后，开始跳起古朴的舞蹈，借此祈求神明保佑来年的大丰收和子民的人丁兴旺。祭祀结束后，大家欢呼、畅饮，尽兴而散。

流落海外的虎卣

虎卣是中国商代晚期的青铜器珍品，据说是清朝末年时在湖南省安化、宁乡两县交界的地方出土的。当时出土了两只虎卣，整体相像，是目前已知仅有的一对。由于时局混乱，两只虎卣都被文物贩子卖到海外。一只虎卣被收藏于日本泉屋博古馆，另一只虎卣被收藏于法国赛努奇博物馆。

日本泉屋博古馆收藏的虎卣是怎么流落到日本的？据说，这只虎卣原本收藏在一个晚清高官家中，高官死后，这只虎卣流落到日本古董商人手中。后来，泉屋博古馆的创始人花高价购买了它，成为日本泉屋博古馆的镇馆之宝。

那么另一只虎卣呢？这要从法国的一次拍卖会说起。正当赛努奇博物馆的首任馆长亨利为了搜集博物馆藏品而四处奔走的时候，著名商人沃奇收藏的艺术品将要公开拍卖。最终，亨利以高价拍下了138件藏品，这只虎卣就是其中的一件。虎卣成为赛努奇博物馆的镇馆之宝。精美而奇妙的虎卣不仅令亨利爱不释手，更被欧洲人推崇。它被誉为向巴黎乃至全欧洲解说"中国艺术之美"的代表性文物，曾回中国展出。

20

中国犀牛的绝唱

宰丰骨匕

宰丰骨匕是商末的一块记事肋骨。它一面刻辞纹，另一面刻文字，记载了帝乙或帝辛时，商王将猎到的犀牛赏赐给宰丰这件事。卜辞文字分两行，布局精妙，错落有致，疏密得当，笔力雄健浑圆，是商代书法艺术成熟的标志。

与众不同的宰丰骨匕

中国曾经是盛产犀牛的国家。在浙江余姚的河姆渡遗址就曾发现过犀牛的骨骼。三千多年前，爱好打猎的商王在围猎时任性地将林地放火焚烧，创下了一次捕获71头犀牛的纪录。由此可见，在三千多年前的殷商时代，在野外遇到犀牛是很常见的事。

商王帝乙或帝辛六年五月的壬午日，春回大地，风和日丽，心情大好的商王又一次率领队伍浩浩荡荡地杀向麦麓田猎，捕获了犀牛，并将它赏赐给一个叫宰丰的人。宰丰得到天子的赏赐，倍感荣幸，取犀牛骨打磨出一把骨匕。

骨匕的一面刻有文字，记载了商王将猎获的犀牛赏赐给宰丰的事情，骨匕的另一面雕刻了精美繁多的纹饰，有兽面纹、蝉纹、蛇状纹等。为了显示自己对获得赏赐的重视，宰丰还在刻满纹饰的牛骨上镶嵌了14颗绿松石。宰丰希望子孙后代们都要记住王的恩赐，让家族的荣耀能够永远地流传下去。

20世纪初，位于河南安阳的殷墟开始发掘，先后出土了约

宰丰骨匕

长 27.3 厘米
宽 3.8 厘米

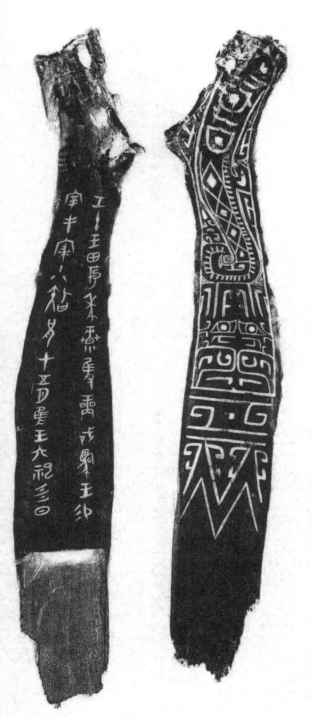

15万片甲骨，其中的一件牛骨被后世命名为宰丰骨匕。它上面的刻辞非常特殊，它仿佛鹤立鸡群，与其他甲骨文风格迥然不同。

这块牛骨上的刻辞不同于占卜留下的卜辞，记载的是帝乙或帝辛时期，宰丰受到商王赏赐的事情。篆刻的文字字体大小、长短都很自然，竖笔、收笔多是尖形，短竖笔丰腴粗壮，像毛笔书法。但是，宰丰骨匕上的刻辞到底是什么意思，一直到现在仍然意见不一。大部分人认为记录的是商王将猎到的犀牛赏赐给宰丰，但也有人认为是商王借打猎的机会，和周边诸王会盟，商定殷商边境。

因被神化而灭绝的犀牛

宰丰骨匕能证明中国在几千年前是有野生犀牛存在的，甚至在长江以北的地区可能也有犀牛生活。为什么在今天的中国再也看不到一头野生犀牛了呢？

犀牛因为长得奇怪、凶狠，而被古人认为是神兽，并赋予犀牛灵性。古人见到所有带角的动物都是横向长两个角，唯独犀牛是纵向长一个或两个角，前后排列，这很容易引起古人的关注和联想。唐朝诗人李商隐用"身无彩凤双飞翼，心有灵犀一点通"来形容朋友之间心照不宣的默契。为什么古人会用犀角来形容彼此沟通的顺畅呢？

古人认为犀牛角有白纹，感应灵敏，可以通天，所以称犀牛角为灵犀。古人相信，只要人与人的心中有那个通天犀角中的白色线条，他们的心灵便能默契相通了。

《西游记》中有三个职业妖怪犀牛精，即避暑大王、避寒大王和避尘大王，反映了古代的犀牛文化。古人一直认为犀角具有传说中的避水、避暑、避寒、避尘等神奇功效。商周时期，犀牛角被中原贵族钟爱，他们认为犀牛角有辟邪的功效，并用犀牛角制作酒器，以求驱邪避灾。

犀牛皮厚达5厘米，它如同一件刀枪不入的盔甲，狮子和老虎的牙齿都对它无能为力。它能抵挡刀、箭等兵器的攻击，是制作盾牌、铠甲的上等材料，可制成犀甲。春秋战国时期，人们大量宰杀犀牛，剥皮制甲，犀甲成为抢手的军需物资。

除了人类大量猎杀外，气候变冷也是导致犀牛迅速消失的另一个重要原因。约2500年，黄河以北的气候开始明显变冷。20世纪初，犀牛彻底从中国消失。现在我们见到的犀牛都来自外国，而中国犀牛只能以文物、诗歌、成语、地名的方式存在于历史记忆中了。

武王伐纣的记录者

利簋

利簋（gui）是西周早期的青铜器。簋是古代青铜或陶制盛食物的容器，也是重要的礼器。利簋采用上圆下方的形制，是西周初期铜簋的典型造型。利簋是一件无价之宝，记录了从商朝到周朝的重大转折点——牧野之战，所以利簋又叫武王征商簋、周代天灭簋或檀公簋。利簋是迄今能确知的最早的西周青铜器。2002年，利簋被确定为首批禁止出国（境）展览的文物。2012年，利簋成为镇国青铜器。

武王伐纣

周武王姬发是周文王的次子，也是青史留名的一代明君。姬发的祖父被商王太丁杀害，父亲周文王被商纣王困于羑里，哥哥伯邑考被商纣王杀害。武王国仇家恨集于一身，决心实现父亲遗志，伺机灭商。

几年后，时机终于成熟。商朝与东夷的战争旷日持久，大军全部出境，内部空虚，这是最好的机会。于是，周武王率领三百辆战车、约五万人的军队，开始向东进发，正式出兵伐商。为了证明自己师出有名，周武王做了异常激动人心的战前总动员，历数商纣王的罪状。

第一，妇人干政，指商纣王宠幸妲己。第二，不修祭祀。商王减少殉葬的行为激怒了商朝贵族，周人正好以此为名，鼓动这些贵族一起讨伐纣王。第三，不任用亲族，任用小人。第四，收容并任

利簋
高 28 厘米
口径 22 厘米
重 7.95 千克

用流亡的仆从。商纣王想吸引更多的逃奴来到商朝，从而为商朝增加劳动力，促进社会生产，但他的行为却激起了其他诸侯国的不满。

周武王是个优秀的心理学家，恩威并施。他警告将士们如果不奋力向前，死的就是自己。大周将士们被他的誓词鼓动得热血沸腾，都愿意拼死跟着周武王奋战。

牧野之战

周武王姬发率兵一路势如破竹，当他们抵达朝歌城的最后一道防线——牧野的时候，商纣王瞬间蒙了。商朝的大军已经被派出去攻打东夷了，城里军队只剩下几万人。

商纣王只能匆匆下令，把抓来的战俘和奴隶都编入军队，开赴牧野迎战。根据《史记》记载，商纣王出动的总兵力有70万。但是周军士气正锐，周武王又亲率主力军征战，将对方的阵形彻底打乱。商军中的奴隶和战俘纷纷倒戈，商纣王见大势已去，返回朝歌，登上鹿台，把珍宝美玉全部穿戴在身上，点起大火，自焚而死。

周武王对商纣王的自焚非常不满意，命人把商纣王的尸体拉出来，向尸体射了三箭，表示为姬家死去的祖孙三代报仇。

千古悬案

武王伐纣在中国历史上是一件大事，虽然史书多有记载，但从来没有发现一件能证明这场战争的实物，这就使武王伐纣、牧野大战的具体时间成为千古悬案。我国有记载的确实纪年始于公元前841年,在此之前的史实年代只能推算。人们推算的武王伐纣时间有二十几个。直到1976年,利簋的出土才为这场战争的年代之谜画上句号。

利簋样貌称不上惊艳,之所以能引起震动,是因为专家们在利簋底部的铭文中找到了牧野之战的线索。它的底部刻有铭文四行33字:"武王征商,唯甲子朝,岁鼎,克昏夙有商,辛未,王在阑师,赐有事利金,用作檀公宝尊彝。"

铭文中讲到周武王征伐商朝是在一个吉利的甲子日清晨。当时出现木星正当中天的天象,于是,武王战胜纣王,并占有了他的国土和政权。专家通过甲子日早晨,木星在当头,就能判断武王伐纣这场战争发生的时间吗?借助现代科技,科学家们根据《国语》记载的天象观测记录,精确地计算出武王伐纣发生于公元前1046年1月20日。由此,这一历史学的著名悬案终于告破。

牧野之战八天后,周武王在军队的驻扎地,将珍贵的铜料赏赐给英勇无畏的将士,其中的一份铜料发给了当时的有司利。有司是周武王时期的官职名称,指一个部门主管。利将稀有的青铜铸成铜簋,作为一个永久的纪念。

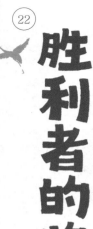

22

胜利者的奖杯

天亡簋

西周天亡簋旧称大丰簋、朕簋，记录了三千多年前周武王姬发灭掉商朝以后，举行祭祀上天的大典的故事。天亡簋是四耳方簋，是西周初期独有的形式。天亡簋的名字由来还有一种解释：上天要灭亡商朝，是所有人民的共同愿望。

嵩山祭天

中国历史名山众多，嵩山因为居天下之中而被称为中岳。嵩山自古以来就被认为是万山之祖和神仙居住的地方。远古时期，中华民族的始祖黄帝就常到嵩山与神相会。尧、舜、禹也都曾到此巡狩。在君权神授的古代，嵩山自然而然就成为历代帝王祈求接天通地、永固江山、昌盛国运时举办祭祀活动的场所，再加上嵩山地区是夏、商、周三代的建都之地，所以嵩山是当之无愧的天地之中。于是，周武王决定在嵩山举办开国大典。

巫师在慎重地向上天祈祷后，选了一个吉利的日子，即克商后的第十二天，让武王来到一个叫管的地方，在最隆重的场所——明堂，举行了盛大的祭祀典礼。这是因为十二正是一年的月数，象征着天道循环一圈，新的周期开始了。武王站在中岳嵩山之巅，背临北方的黄河，居高临下地眺望着东、南、西三方诸侯，展现他君临天下的威仪。周武王从灵媒口中得到了天帝授王权于周的授意，立志成为明君，强国安民，大典顺利结束。这个仪式就是传说中的封禅之礼。

天亡簋
高 24.2 厘米
口径 21 厘米
底径 18.5 厘米

成功的革命者

周武王为什么这么迫切地想要了解天意呢？古时人类社会分为统治者和被统治者。祭天是统治者的专利。既然天子都是受命于天，那么为什么会屡屡发生改朝换代的事情呢？周人一直称自己为小邦周，称商为大邑商。小邦周打败了大邑商，看似强大的商王朝轰然倒地，这一现象引起了周人的思考：什么是天命？号称掌握着天命的强大的商朝为什么会灭亡？上天为什么转而对周人格外青睐，天命可靠吗？

周武王是一个成功的革命者，他革除了商王朝的天命。商纣王说自己生下来就是做君王的命，难道这不是上天安排的吗？可是牧野大战在一天之内就结束了。那么，在战争之前，是什么决定了这场战争的走向呢？周武王深刻地认识到上帝赋予的天命并不是固定不变的，上帝只辅助有德行的人。

周武王深知一个国家的统治不能靠镇压维持，要靠百姓发自内心的认同和追随，民心向背才是最重要的。他亲自主持制礼作乐的大事，推动、规范了尊德的礼乐文化的发展。

大摆庆功宴

祭天大典结束后，武王大宴群臣，杀牛宰羊，给所有的有功之臣都分了块祭肉。每一个参加宴席的人都觉得特别荣幸，在参加宴席的名单中就有担任祭天大典助祭的天亡。天亡想，我一定要把这件光荣的事情刻于簋之上，宣扬王的美德，让后世子孙都能分享我的荣耀！因为做器者是天亡，所以后来这个簋就被命名为天亡簋。

天亡制作的簋是西周初期独有的样式——四耳方座簋。簋身和方座分别装饰了两两相对的夔龙纹饰。簋的内底刻有铭文，铭文内容是：乙亥这天，周武王在天室举办了祭祀大典，感谢历代祖先和父亲文王的保佑。天亡协助武王祭告周文王，希望周文王在天上能眷顾周室。祭祀典礼之后，周武王举办了盛大的宴享，大宴群臣宾客，天亡也受到了周武王的赏赐，因此铸造这件簋来铭记王的恩宠。

清朝道光年间，人们在陕西眉县礼村发现了天亡簋。天亡簋上的铭文字体变化多样，书写力道有深有浅，气韵流畅。铭文读起来十分押韵，是迄今发现的最早的一篇韵文。

天亡簋被发现后，曾被认为是周代最早的青铜器，直到后来出土了利簋。利簋上的铭文准确地记载了牧野之战发生的时间，而天亡簋上的铭文记录的是牧野之战结束后，西周举行的开国祭祀大典的情景，所以它诞生的时间肯定在利簋之后。

天亡簋为研究西周早期的历史提供了宝贵的依据。这件无价之宝就像一座奖杯一样，彰显了周朝胜利者的风姿，也使商朝到周朝的历史如同一面镜子一样清晰可见。

23

一醉误江山

大盂鼎

大盂鼎造型雄浑，工艺精湛，是西周时期的金属炊具和祭祀礼器。根据它上面的铭文，可以了解到周康王时期宗周训诰、册命收复失地、胜利归来的贵族盂等相关事情。大盂鼎铭文是史家研究周代分封制、君臣关系的重要史料。

大禹的预言

传说大禹因治水有功而登上帝位，他肩上的担子更重了，整天操劳，时刻把国家大事放在心上，生怕有什么事处理得不妥当，辜负了大家对他的信任，真是压力山大呀！大禹神经衰弱了，吃不下饭，睡不着觉，很快就消瘦了。

大禹的女儿非常心疼父亲，就找到大禹麾下负责饮食的女官仪狄，让她想办法制作既有营养，又能让大禹改善睡眠的食物。仪狄经过多次试验，终于用发酵的糯米成功地制造出了最早的米酒。清亮的汁液，喝下去不一会就全身发热，舒筋活血，睡意袭来。大禹一连喝了好几碗，竟然不知不觉地睡着了。这一睡就睡到日上三竿，这一觉睡得可真香啊！大禹看着那些等了半天的大臣，心里有点愧疚，忍不住感慨："酒虽然很美味，但容易使人误事，后世一定有贪酒亡国的人。"没想到大禹的预言一语成谶。第一个因酒亡国的人是谁呢？

纵观中国历代帝王史，不管哪一个朝代的最后一个君主都是倒霉蛋，史学家们喜欢盖棺定论，在归纳总结他们亡国的原因时十有八九是昏君误国、奸臣误国、太监误国或是妖姬误国。但是，周朝一位天子却用自己的行动明确地证明了大禹的预言：酒，确实是亡国的魔咒。

成康之治

周康王是中国历史上记载最早的太平盛世"成康之治"的缔造者。成是周成王，康是周康王，他们是父子，一共在位40多年。周成王在周公旦的辅佐下，平定三监之乱，将周朝的统治扩大到东方商朝人的统治旧地，还命令周公制礼作乐，规划各项规章制度，奠定了西周王朝的基础。周成王死后，他的儿子姬钊继位，即周康王。

周成王临死前令召公、毕公用心辅佐姬钊，对两人说："这孩子就交给你们了，可得好好看着他，守住祖先的基业，别让他胡来啊！"因为有召公、毕公这些老臣在，周康王老老实实地当个守成之君。他上位后将国家治理得井井有条，监狱基本清空了，老百姓安心种地，国库充盈，人民安居乐业。自从收拾完管叔、蔡叔、霍叔和武庚后，周朝的重心是攻打东夷，于是西戎、北方的鬼方等游牧民族趁火打劫，经常侵扰中原地区。他们抢掠财物，杀人放火，给周朝带来极大的损失和威胁。周康王很生气，决定收拾完东夷后，立即收拾鬼方。

在做了充分的开战准备后，周康王命令得力干将率领军队进攻鬼方。经过两次大规模作战，周军歼灭鬼方4800多人，俘获13000多人，缴获了很多财物和大量牛羊。周军将鬼方驱逐到离镐京很远的泾陇和岐周以西。自此，周朝拥有了很长一段时间的江山安稳，岁月静好。

大盂鼎
高 101.9 厘米
口径 77.8 厘米
重 153.5 千克

情真意切的劝诫

那位深得周康王信任的得力干将是谁呢？他的名字叫盂。1849年，在陕西眉县礼村（今宝鸡市眉县李家村）出土了一件罕见的铜鼎，其上有铭文19行291字，详细记录了与该鼎主人相关的历史事件。周军打败鬼方班师回朝后，周康王就在宗周镐京（今陕西西安）赏赐了带兵有方、杀敌有功的心腹爱将盂，并举行了盛大的册封典礼。于是，盂制作了一个鼎，把这件事刻在了鼎上，以此纪念自己人生的高光时刻。这件青铜器的制作者是盂，按惯例它被称为大盂鼎。

大盂鼎上的铭文可以概括为以下三个主要内容。第一，周康王对盂讲述了周文王、周武王的立国经验。周康王说文王、武王之所以能以卓越的业绩立国，主要是由于大臣从不酗酒，只在祭祀时用酒来认真而恭敬地祭祀天地和祖先。所以，天帝祖光以仁爱之心庇护先王，使我们拥有天下。商朝的各方诸侯和朝廷内的大小官员，却天天饮酒作乐，所以丧失了天下。对于自己信任、依靠的大臣盂，周康王可谓爱之深，责之切。周康王告诫盂不要经常饮酒，要有酒德，不能喝醉，要向自己的祖父南公学习，别给祖宗丢脸。第二，周康王赐给盂军权，让他帮助治理军队和统治人民，并且赏赐给盂美酒、礼服、车马、仪仗、大量的土地和1726个奴隶，并叮嘱盂不得违背王命，不要辜负王的信任。第三，盂制作这件鼎是为了纪念周王的赏赐，同时也要把这件事告诉他爷爷南公，让天上的祖先为自己骄傲。

大盂鼎器型厚大，纹饰精美，铭文字数相对较多，具有极高的艺术价值和史料价值。但它再度面世于动荡时代，几经易手，后被左宗棠的幕僚袁保恒所得。袁保恒将鼎献给左宗棠。左宗棠为了报答曾经帮助过他的潘祖荫，将大盂鼎赠给了自己的恩人。

此后，大盂鼎一直被潘家珍藏。抗日战争全面爆发时，日军侵入苏州，大盂鼎面临被劫掠的危机，潘家后人遂将大盂鼎埋入地下。

新中国成立后，潘家后人经过商议，推举潘祖荫的孙媳潘达于执笔写信给原华东文化部，把珍藏数十年的大盂鼎和另外一件西周孝王时期的大克鼎一同捐献给国家。

在青铜器上刻下铭文以告慰祖先、宣扬王恩是贵族祭祀的通常做法，本来不足为奇。大盂鼎的铭文中，酒字多次出现，让后人读出了周天子内心莫名的恐惧，同时也说明饮酒是当时社会生活中的一项重要内容。康王贵为天子，为何非要和酒过不去，苦口婆心地一再训诫，这是不是有点小题大做了？

贪酒亡国的纣王

周康王的担心并不是杞人忧天，一个醉酒的王，能够让原本固若金汤的江山噩梦般地迅速消融崩塌！他就是商朝的最后一个王帝辛，后世一般都叫他纣王。

商朝重酒器，周朝重食器。说明商朝人爱饮酒，周朝人爱美食。酿酒业的发达使得商朝出现了长勺氏和尾勺氏这些专门以制作酒具为生的氏族。由此可见，商朝真是一个自上而下普遍尚酒的社会。

传说，纣王在宫中做了酒池肉林，肆无忌惮地吃喝淫乐。商纣王就这样经常沉溺于酒肉中，最长的一次据说连续喝了七天七夜。酒池肉林也从此成了骄奢淫逸的代名词。终于，在酒精带来的快感与眩晕中，商王朝晃晃悠悠地倒下了，纣王从此遗臭万年。

历史上商纣王到底是不是暴君？他真的是个昏庸无能的暴君吗？《史记》里的商纣王身材高大、博闻强记、思维敏捷。他的力气很大，足以徒手杀虎。他亲自指挥军队打败东夷，把国土开拓到我国东南沿海，开发了长江流域，促进了商朝国力增长。由此可见，早年的纣王是个有为青年。一代英豪是如何堕落成亡国之君的呢？也许大盂鼎上的铭文可以给我们一点提示和启发。铭文中多次提到酒不能多饮，殷商因酗酒亡国，可见周天子内心深处对酒的恐惧，或许酒精就是纣王堕落变质的催化剂。

殷商贵族嗜好喝酒，酒后失德、失言、误事，甚至亡国，给周朝初期的领导留下深刻警示，使他们内心受到极大的震撼。周朝建国之后，便把禁止酗酒提到事关国家兴亡的高度，周公旦命康叔在殷商故地卫国发布了我国最早的，也是史上最严的禁酒令——《酒诰》。聚众饮酒的人，甚至会被抓起来直接杀掉，可见周人禁酒的决心。周初，禁酒令一出，酗酒的现象几近绝迹。周公旦对于商朝因酒亡国的认知，也让后世子孙深信不疑。因此，几十年之后才会出现他的侄孙周康王再一次对当朝大臣盂进行劝勉。

一杯酒，真的像周人说的那样，要担负亡国的重责吗？将一个王朝的覆灭归结为一场战争、一位美女、一杯酒，都是不准确的。那个苦口婆心劝诫盂别喝酒的周康王怎么也想不到，成康之治是周王朝最盛大的时期。周康王的儿子周昭王继位后不务正业，周朝就开始衰落了。

祭祀马神的执驹礼

盠驹尊

> 盠（lí）驹尊是西周时期盛酒的器具，因外观十分可爱迷人而被人称为小马驹尊。以动物为造型的青铜器展示了周朝人对生活的热爱。以马驹为造型的尊极其少见，盠驹尊弥足珍贵。

憨态可掬的小马驹尊

几千年来，马用自己的力量和赤诚与人类一起经历了血与火的洗礼，人们通过画马、写诗、创作马的雕塑来表达对马的喜爱和感激之情。

提到以马为造型的中国古代青铜器，人们首先想到的可能是出土于甘肃武威的东汉时期的铜奔马，也叫马踏飞燕。1983年，它成为我国旅游形象大使。但鲜为人知的是，1955年出土于陕西眉县礼村的小马青铜尊，是迄今为止中国发现的年代最久远的铜马。它形成于西周时期，比汉代的马踏飞燕还要早一千多年。

商周非常流行各种以动物为造型的尊，比较常见的有牛尊、虎尊、象尊等，但很少见到以马驹为形象的，因此，这件马驹尊成为难得一见的珍品。这是一匹憨态可掬、朝气蓬勃的小马驹。它昂首站立，体形虽不算硕大，但看起来十分英武。两只小耳朵直直地竖起，仿佛在侧耳倾听着遥远的声音。驹尊的四条短腿显得矮壮敦实。它的背上开有一个方口，驹尊腹腔中空，用来盛酒。它的小马尾执拗地向下斜垂着，但四蹄触地有力，透射出小马驹的虎虎生气。

它的身上非常光滑素洁，没有过多的花纹装饰，只有腹部两侧装饰着简单的涡纹和云纹，更加衬托出马驹朝气蓬勃的形象。

小马也有成年礼

西周时期的经济和科技等都不够发达。马不仅仅是农业生产的劳力、交通往来的工具和牺牲的供品，同时也是重要的战备物资，具有重要意义。马性情刚烈，奔跑迅速，适宜参加双方激烈对抗的战争，成为战争中最重要的工具。西周时期的战争以车战为主，在战场上冲锋陷阵的战车多是马拉的，马力也是国力的一种体现。周朝制度规定，天子地方千里，能出兵车万乘，因此帝王也被称为万乘之尊。诸侯国只能出车千乘。通常，作战时一辆兵车配备四匹马，士兵要在马车上以戈为武器进行战斗。由此可见，训练有素的战马是骑兵部队建设中的重要保证。

周朝人爱惜马匹，马的价格比人还贵。据史料记载，那时五个奴隶才能换一匹马。《史记》中也说，马比人价格昂贵。所以周王重视马政是理智的决策。

周王积极开辟马场，专门训练精壮的马匹。小马驹尊出土于陕西眉县，那里北边有坡原，南边临渭河，地势向阳，水资源丰富，自然条件优越，宜于放牧养马。西周时期的眉县属于周王亲自管理的地区，周王任命大臣管理王室的养马工作，为王室出行及亲军卫队培育良马。

小马长到两岁就被牵离母马，练习驾车服役。这时要举行一场盛大的祭祀来证明这匹马可以参加兵役，以庆祝它成为可以在战场上冲锋陷阵的战马，这样的祭祀被称为执驹礼，是给马儿办的成年礼。

盠驹尊

高 32.4 厘米
长 34 厘米
重 6.6 千克

祭祀马神的执驹礼要在春天举行，这场祭祀的组织者是掌管马政的虔。他的职责范围很广，包括养马、教马服役、阉割性情暴烈的马等。典礼由周王亲自主持，仪式盛况空前。西周昭王或穆王时期的一天，在郊外宽阔的牧场上有几十匹精壮的小马，它们鬃毛鲜亮，神采飞扬，旁边有全副武装的士兵。在庄严的鼓乐声中，一场马的成年仪式正式开始，王公大臣们毕恭毕敬地向苍天拜祭。

在这次重大的执驹礼中，有一位叫作盠的贵族，大方得体，表现出众，周王特意赏赐给他两匹马驹，分别叫勇雷和锥子。盠对周天子的赏赐十分感恩，并感谢周天子对宗族子弟的关心爱护之情。盠为了让世世代代的子孙永远铭记周王的恩赐和荣誉，同时也为了颂扬周王并祭祀其亡父，他特地铸造了一对青铜驹尊，来表达自己希望永葆尊贵、荣耀永世流传的心愿。驹尊上留下百余字的铭文，书写了家族的荣耀。可惜的是，目前只能看到这一件。

祭祀马神的执驹礼——盠驹尊

将军战功的荣耀

虢季子白盘

虢（Guó）季子白盘是周朝时铸造的盛水器。古代小盘可以用于洗手、洗脸，大盘可用于洗浴。盘内铭文讲述了虢国的子白奉命出征，荣立战功，周王为其设宴庆功赏赐，虢季子白因而作盘纪念。通过此盘可以了解周王励精图治，开创了短暂的宣王中兴的事件。虢季子白盘在道光年间出土于陕西宝鸡的虢川司，是首批禁止出国展览的古代文物之一。

宣王中兴

西周晚期的周宣王名姬静，是个苦孩子。周宣王的父亲是周厉王姬胡。周厉王是与夏桀、商纣齐名的第三位暴君。姬胡继位后，想方设法抢别人的钱。他还命人监视那些议论他的人，发现后立即杀掉。从此，百姓都不敢说话，只能用眼色互相示意，这就是成语"道路以目"的由来。召公姬虎劝他说："你只是把他们的话堵回去了，堵住人们的嘴巴，要比堵住水流更危险。水蓄积得多了，一旦决口，一定会伤害更多的人。"可周厉王不听劝谏，依旧我行我素。人民只能揭竿而起，公元前841年，周朝发生国人暴动。

姬静很不幸，在很小的时候遇上了因他父亲引发的国人暴动事件。周厉王见势不妙，撒腿就跑。姬静只能在侍从们的保护下逃亡到召公姬虎的府里。愤怒的百姓找不到周厉王，不肯善罢甘休，他们决定找太子静来背锅。深明大义的召公做出一

个决定，让自己的儿子穿上太子姬静的衣服，然后含泪把自己的儿子交出去。姬静活了下来，而召公的儿子却丢了性命。周朝进入共和行政时代。

周厉王郁郁而终，是时候推选新天子了。太子姬静流亡14年后，终于可以名正言顺地站在世人面前了。在诸侯们的协调下，姬静继位，史称周宣王。

周宣王继位之初的形势非常严峻。国人暴动赶走了周天子，天子之位空缺14年，周王室的威严荡然无存。但周宣王自小吃过苦，比他父亲更懂得体恤百姓，他把祖先们的警示之语都镌刻在庙堂之上，时时提醒自己要成为明君。周宣王励精图治，任用周公、召公等贤臣辅佐自己，广开言路，很快就得到了天下子民的支持。

周宣王力求内治安稳，边疆稳定，攻打过猃狁（xiǎn yǔn）、楚国、鲁国，经过一系列的征伐战争，周王室的声望和威严重新建立起来，诸侯们开始重新朝拜周王室，西周的国力得到短暂恢复，史称宣王中兴。

和平是打出来的

宣王中兴的局面是靠周宣王敢于对四夷用兵赢得的，《诗经》里有很多反映周宣王时期战争的诗歌，向北讨伐过猃狁，向西征伐过西戎，向南征伐过荆蛮，向东征伐过徐国。

猃狁是中国古代的一个族名，又叫犬戎，活跃在今陕西、甘肃一带。

虢季子白盘
长 137.2 厘米
宽 86.5 厘米
高 39.5 厘米
重 215.3 千克

　　周宣王为什么要对猃狁作战呢？游牧民族是没有固定居住地的，他们逐水草而居。但是，每当冬季到来时，他们便会面临着食物短缺的问题。一旦缺衣少食，他们就会挥鞭南下，掳掠中原地区的物资。

　　公元前816年，周宣王十二年，猃狁又来掠夺周朝人民的物资。关中地区的人民深受其害。经过几年的精心准备之后，周宣王决定给猃狁一点颜色看看，狠狠地教训一下他们。派谁去呢？猃狁全民皆兵，战斗力强，一旦打了败仗，猃狁必然会更加猖狂。思来想去，周宣王想到了虢季子白。

　　虢季子是周宣王时代的一个诸侯。虢是他受封的姓氏，季说明他在兄弟中排行第四，子是古代对男子的一种尊称。提起西周有名的诸侯国，大家脱口而出的可能是齐国、鲁国，但实际上，在周代公侯伯子男的五等爵位制度中，齐国、鲁国只是侯爵国，虢国才是周朝宗室近亲建立的正儿八经的公爵国，与周天子的关系最为亲近。虢国自建国起，不仅是拱卫周王室的重要屏障，而且掌握着周朝的王牌军队周六师的军权，是拱卫王畿（jī）最重要的力量。虢季子白是一位赫赫有名的贵族，他多次带兵出征，以骁勇善战著称。所以，对外征战非虢国不能，非季子白不可。

周宣王十二年，虢季子白受命于周宣王，率兵在洛河北岸同猃狁作战。能征善战的虢季子白大获全胜。周宣王为了表彰他的功绩，率领众臣来到太庙设宴，为虢季子白举行了隆重的庆功仪式，赏赐了马匹、武器等物，还赐予他象征军权的大钺，予以嘉奖。因为这不仅是他个人的荣誉，而且是整个家族的荣誉，更是全虢国人的荣誉。于是他命人制作铜器，彰显战功，纪念荣耀。

鸿盘史诗

虢国是个小国，国内没有什么技艺高超的铸造工匠。于是，他便命人去都城寻找能工巧匠。他让工匠先画出一个盘的草图，包括每一个细节。他考虑到这次征讨战争的胜利是利国利民的荣耀之功，一定要让子孙后代牢牢记住。于是，他要求这件器皿尺寸要大，以彰显自己封国对周王室的贡献。

虢季子白盘完全由青铜铸造而成，盘四周各有野兽形状的把手，把手上嵌着铜环。盘身铸造出水形波纹，以表示在洛水边获得这样的荣誉。这件虢季子白盘的圆环可能是为了便于抬着倒水而设计的。但是这个盘实在是太大、太重了。要挪动这个大铜盘，必须套上绳索，由七八个壮汉一起用力才行，日常使用很不方便。它看上去更适合盛装体积较大的东西，就像古代盛放冰块的鉴一样。

虢季子白盘内底铸铭文8行111字，将奉命出征、战胜猃狁、立下奇功、周王设宴庆功、获赐弓马之物等做了详细记载。铭文语言洗练，以四字句为主，词韵讲究。铭文字体圆润流畅，饱含生气，笔画工整中又有变化，曲折力度也恰到好处。

正是虢季子白这次对外战争的胜利，为宣王中兴提供了重要保障。可惜的是，周宣王也是个普通人，长期掌握至高无上的权力后，也变得骄傲起来，唯我独尊，滥用武力，惹得民怨沸腾。频繁的战争使国力越来越衰弱。晚年的周宣王再一次把国家推向了深渊，宣王中兴就像昙花一现。

公元前782年，周宣王去世后，他的儿子周幽王继位。这位就是历史上有名的烽火戏诸侯的主人公。他宠爱妃子褒姒，想要立宠妃褒姒为王后，惹得申后的父亲申侯大怒，便联合犬戎杀死周幽王，历经275年的西周王朝就此灭亡。